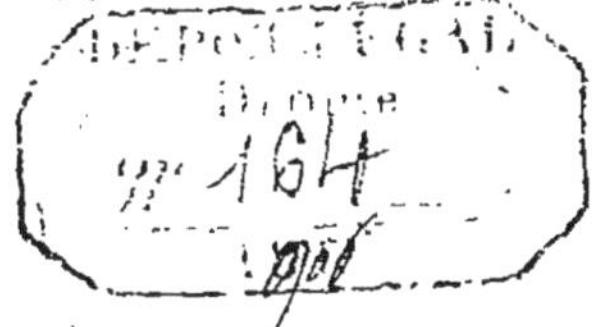

J. KENNEDY MACLEAN

Au service de deux Maîtres

Traduit
librement
de l'anglais
par
Charles BOYER

Valence
IMPRIMERIE DUCROS, BRISE & LOMBARD
1906

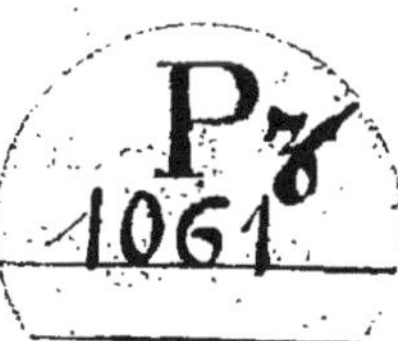

AU SERVICE DE
DEUX MAITRES

W.-S. JACOBY

J. KENNEDY MACLEAN

Au service de deux Maîtres

Traduit librement de l'anglais
par Charles BOYER

Valence
IMPRIMERIE DUCROS, BRISE & LOMBARD
1906

*Si l'on me demandait aujourd'hui quel
est l'homme dont la vie se rapproche le plus
de celle du Christ, pour autant que je puis
en juger, je répondrais : Mon suffragant, le
pasteur William Jacoby.*

*« Je crois qu'actuellement il n'est pas un
homme, dans la cité de Chicago, qui soit plus
ardemment aimé et qui ait su se créer un cer-
cle aussi large d'affections, du reste aussi
vives que méritées. »*

Dr R.-A. TORREY

INTRODUCTION

Ces pages sont écrites à la gloire de Dieu, pour montrer combien est grand et merveilleux son amour pour le pécheur.

Le pasteur Jacoby, qui fait l'objet de ce livre, est le suffragant du Dr Torrey, à Chicago. Une amitié profonde et telle qu'on en rencontre rarement dans le monde, les unit l'un à l'autre. Et, cependant, ils n'ont entre eux que de rares points communs.

Tandis que le Dr Torrey est un maître qui peut s'attaquer aux difficultés intellectuelles des esprits forts et les faire passer des ténèbres du doute dans lequel ils se débattent à une clarté resplendissante, Mr. Jacoby, au contraire, s'adresse plus directement au cœur. Il peut se faire, de par sa propre expérience, l'écho de la parole du Maître, et dire qu'il a beaucoup aimé, car il lui a été beaucoup pardonné.

Débordant d'amour pour ce que Christ a fait

pour lui, il peut ainsi présenter l'amour du Fils de Dieu pour l'homme perdu, avec un attrait et une puissance tels, que son message va droit au cœur.

L'entendre plaider avec les pécheurs, c'est réaliser en quelque mesure la passion du Christ pour les âmes. Son but suprême est de faire délaisser aux hommes leur péché, et de les amener à la croix du Calvaire.

Avec une nature aimante comme la sienne, Mr. Jacoby devait être beaucoup aimé. L'amour appelle l'amour. Sans compter, librement, il se donne ; aussi est-il payé de retour.

Dans la famille même du Dr Torrey, il est considéré par les enfants comme leur meilleur ami après leur père ; tous l'aiment, on distingue son coup de sonnette entre mille, et c'est à qui sera le premier à répondre à ce signal et à lui souhaiter la bienvenue. L'affection qu'on lui témoigne est pour lui, il l'avoue, une source précieuse d'encouragement.

Je me souviens d'une fois entre autres, où il m'entretint de ce sujet avec une vive émotion. Nous traversions l'Atlantique, et, penchés à l'avant du navire qui fendait l'onde paisible, nous parlions du merveilleux amour de Dieu pour l'homme. Nul autre sujet n'aurait pu mieux convenir à un pareil moment. Nous étions pénétrés du sentiment de la majesté du vaste Océan. Là-haut, perdue dans l'immensité des cieux, entourée de myriades d'étoiles, la lune brillait dans toute sa splendeur, laissant à la surface des eaux une traînée de lumière étincelante.

Pas le moindre bruit qui vînt troubler le silence solennel. Dieu lui-même était présent, et c'était de Lui et de son amour que nous nous entretenions. De l'amour divin, nous passâmes à l'amour humain, et je pus alors me rendre compte de ce qui battait au fond du cœur de Mr. Jacoby. Il m'en ouvrit pour ainsi dire la porte, et ce que je vis me fit du bien. Quoique je ne rapporte pas tout en détail, voici cependant le résumé de l'incident auquel je fais allusion :

Triste et désappointé, Mr. Jacoby sentit un jour particulièrement le besoin d'être encouragé et soutenu. Il se rend chez le Dr. Torrey, sonne, et la plus jeune enfant de la famille se précipite vers la porte pour répondre à l'appel bien connu. Elle saute dans ses bras, s'y installe de son mieux pendant que son ami monte l'escalier ; et, lui faisant un collier de ses petits bras, elle murmure à son oreille : « ... Coby, je vous aime ! » Il semblait qu'un ange eût parlé ; craintes et tristesse se dissipent aussitôt, comme un nuage au souffle du vent. Cette simple parole d'affection d'un faible enfant était allée au cœur de l'homme fort, l'inondant de lumière, le remplissant de paix et d'espoir.

Nous allons essayer, dans les pages suivantes, de montrer jusqu'à quel abîme de péché Mr. Jacoby a pu descendre, et comment enfin il a été amené à Dieu.

Mr. Jacoby consacre maintenant sa vie au service du Maître, pour amener des âmes immortelles à Celui qui a tant fait pour lui. Notre désir, en présentant ce livre au public, est qu'il puisse apporter l'espérance dans beaucoup de cœurs, et conduire les pécheurs au pied de la Croix.

CHAPITRE PREMIER

Enfance

William Jacoby fut un cadeau de Noël à ses parents. Il naquit le 25 décembre 1846 à Philadelphie. Son père, d'origine allemande, était un commerçant bien connu dans cette ville ; sa mère, née en Amérique, descendait d'une famille anglaise de quakers.

Le jeune Jacoby aurait eu toutes sortes de facilités pour acquérir une solide instruction, mais il ne possédait qu'à un très mince degré les goûts de l'étude, et les règlements d'une école n'étaient pas pour lui plaire. La preuve en est que, pendant tout un hiver, il réussit à manquer les classes, cachant ses livres dans une ruelle, et rentrant à la maison, pour les repas, le plus régulièrement du monde.

Il échappa ainsi à tout contrôle pendant un laps de temps relativement long. Mais, comme tout a une fin, il fut découvert et dut subir le châtiment que méritait une telle conduite. Il arriva même que ses maîtres furent obligés de prier ses parents de le retirer de l'école, car on craignait qu'il n'arrachât un beau jour les yeux de l'un de ses condisciples.

Dès son jeune âge, l'enfant montra ce que son caractère avait de particulièrement difficile. Il se battait avec ses camarades et inspirait toutes les farces et sottises qui se faisaient à l'école. Il était, en un mot, une source perpétuelle d'ennuis pour ses parents, et, chose plus triste encore, il s'enivrait dès l'âge de onze ans.

Le vol vint s'ajouter à tant d'autres méfaits. Il déroba à sa sœur la somme de soixante dollars. On le soupçonnait fort d'avoir commis le larcin ; aussi, par tous les moyens, essaya-t-on de l'amener à reconnaître sa faute. Sa sœur raconta un jour qu'une diseuse de bonne aventure lui avait déclaré que le voleur tomberait malade et mourrait, à moins qu'il ne restituât l'argent à bref délai. L'enfant, alarmé par cette prédiction, chercha dès ce moment à se débarrasser des dollars. Il aurait voulu les jeter dans la cour par la fenêtre de sa chambre, et les y laisser ; mais, soit par crainte de les lancer chez le voisin, soit aussi parce qu'il était étroitement surveillé, il ne put mettre son projet à exécution.

Avec le temps, ses remords de conscience

s'apaisèrent, la surveillance de ses parents finit par se relâcher ; il parvint à sortir l'argent de sa cachette et le confia à la garde d'un cabaretier. Le tout fut dépensé à boire, William ayant une troupe d'amis qui n'étaient que trop disposés à lui tenir compagnie tant que ses poches seraient bien garnies.

Lorsque éclata la guerre de 1862, l'esprit guerrier s'empara des jeunes Américains, et de tous les côtés des volontaires vinrent s'enrôler. Le patriotisme était à l'ordre du jour. Tous ceux qui avaient atteint l'âge réglementaire ne demandaient qu'à montrer de quelle pâte ils étaient faits, et à combattre pour leur pays.

Jacoby lui aussi, bien qu'il fût à peine assez âgé, décida qu'il irait se battre, et l'on connut ses dispositions belliqueuses quand un jour son père le rencontra sortant des bureaux du recrutement ! Cette démarche ne convenait guère aux parents, mais ils virent que s'opposer au désir de leur fils serait peine perdue, aussi l'autorisation nécessaire lui fut-elle accordée.

Malgré tout M^r. Jacoby essaya d'obtenir un délai, il conduisit William chez le juge Kelly, de Philadelphie, pour qu'il usât de son influence pour décider son fils à rester dans sa famille jusqu'à ce qu'il pût entrer à l'école militaire de West-Point ; mais tout demeura inutile, et, le

2 février 1862, William signait son engagement à l'Inscription maritime. Il était à cette époque un gamin de cinq pieds trois pouces environ.

A Washington, Jacoby s'embarqua sur l'*Harriet-Lane*, de la flotte des Etats-Unis, qui portait le pavillon de l'amiral Porter dans l'escadrille Mortar. Sa position à bord était des plus humbles, il était en effet messager de troisième classe, et son travail consistait à transmettre les ordres du commandant aux officiers en second dans n'importe quelle partie du vaisseau ; pendant le combat, il était affecté au service des pièces.

Les hostilités ne tardèrent pas à s'engager. Tout étant prêt, l'*Harriet-Lane* descendit le Potomac. Un épais brouillard semblait devoir favoriser sa marche, et, grâce à cette circonstance, on pensait pouvoir dépasser les forts ennemis échelonnés sur la distance d'un mille le long de la rive, mais cet espoir fut déçu ; soudain, le brouillard s'éleva, découvrant le navire, et bientôt une volée de mitraille s'abattit sur lui. L'*Harriet-Lane* ne riposta pas.

Ce spectacle était assez du goût de Jacoby. Caché derrière le bouclier d'une pièce de neuf pouces, il pouvait contempler à son aise le feu des batteries de terre, jouissant de voir la fumée et les éclairs des canons et d'entendre le sifflement des obus.

Quelque temps après, il advint à Jacoby une aventure qui aurait bien pu lui coûter la vie. Le vaisseau était ancré à l'embouchure du Mississipi, et l'on se préparait à partir pour Ship-Island. A ce moment, sur l'ordre de son chef, Jacoby monta au beaupré pour larguer les voiles, et pendant l'opération son béret tomba à l'eau. Vite il descendit pour essayer de le rattraper. Par quelques tours de gymnastique hardie, il se faufila daus les aubes des roues et réussit, en se penchant sur l'eau le plus possible, à saisir le béret. Tout à coup, la sonnerie de mise en marche retentit. La position du jeune mousse était des plus critiques. C'était la mort!.... Mais William, en gardant son sang-froid, sauva sa vie. S'accrochant aux palettes, la roue l'entraîna sous l'eau, mais une plongée rapide et quelques vigoureuses brassées le mirent hors de danger. Bientôt le cri : « Un homme à la mer ! » se fit entendre; un marin put l'attraper par le col de son habit et le déposa sain et sauf sur le pont.

Continuant sa route, le navire jeta l'ancre devant Ship-Island, pour revenir peu après vers l'embouchure du Mississipi, où se préparait une attaque contre les forts Jackson et Saint-Philip, situés de chaque côté du fleuve. Les brûlots que l'on rencontra durant cette dernière traversée firent la joie des jeunes marins du bord, qui s'amusaient à remorquer ces dangereux engins sur l'onde tranquille. Pendant l'action contre Fort-Jackson, Jacoby crut avoir devant les yeux une représentation de l'enfer, en voyant les flammes, les éclairs des canons, les éclats d'obus. Le spectacle était nouveau pour lui, mais il n'avait pas le temps de se livrer à ses réflexions. Tout le jour, il allait et venait de la soute aux poudres aux canons, avec sa caissette de cuir sous le bras, maintenue par une courroie passée autour du cou. Il était très exposé au feu de l'ennemi. En de telles circonstances, sa pensée s'envolait naturellement vers la maison paternelle. Tout occupé qu'il était, les dangers de sa position ne le laissaient pas indifférent, et le souvenir de sa tranquillité passée le portait à soupirer après le retour. Il eut le bonheur de sortir indemne de la lutte; mais, avec le danger immédiat éloigné disparut aussi le désir de revoir le foyer paternel.

CHAPITRE II

Sur les vagues de l'Océan

Avec le reste de l'équipage, Jacoby prit part aux divers engagements qui suivirent. L'impression produite par ces terribles batailles n'était pas de nature à adoucir son caractère. Dans son entourage, on faisait fort peu de cas de la vie humaine; on s'en servait et on s'en débarrassait comme d'un objet de vil prix.

Quelque temps après, Jacoby fut fait prisonnier dans une rencontre avec un navire de la flotte ennemie. L'*Harriet-Lane*, pris dans un bas-fond, amena son pavillon. Dirigé, avec ses compagnons de captivité, à travers le Texas sur Alexandra, au bord de la Rivière-Rouge, Jacoby eut à souffrir de la faim, et il lui arriva de mendier un morceau de pain au passage de quelque ferme. Arrivés à Alexandra, ils s'embarquèrent sur un paquebot qui descendait par la Rivière-Rouge vers le Mississipi. C'est près de l'embouchure de ce fleuve que Jacoby fit une de ses plus émouvantes expériences de guerre. La journée était magnifique, le soleil resplendissait dans un ciel sans nuages, l'onde était limpide comme du cristal, tout respirait le calme et la paix la plus parfaite. Soudain, la forme d'un cuirassé qui semblait appartenir à la flotte des Etats-Unis s'estompa dans le lointain. Tous les regards se dirigeaient sur lui, et l'on peut facilement concevoir la joie qui remplit le cœur des prisonniers à la vue du drapeau étoilé, si l'on pense que plusieurs d'entre eux avaient été capturés au début de la guerre, un an et demi auparavant. Depuis ce temps-là, ils n'avaient pas revu les couleurs de leur pays, et le bonheur qu'ils en éprouvèrent fut pour eux une commotion si forte, qu'ils pleurèrent comme des enfants.

« Je n'ai jamais rien vu de pareil, me dit Mr. Jacoby, en me contant l'histoire. Ces hommes étaient littéralement anéantis, et les larmes coulaient, abondantes, en présence de l'emblème de la patrie. Un frisson me secoua, dont je me souviendrai toute ma vie ; ceux qui ont passé par des circonstances de ce genre peuvent me comprendre... »

A Bâton-Rouge, les prisonniers furent libérés sur parole et envoyés à New-York avec quinze jours de permission. Jacoby, se trouvant non loin de sa famille, partit pour Philadelphie,

et en arrivant, se rendit au domicile de sa
sœur. On ignorait totalement, chez lui, ce qu'il
était devenu ; on se demandait même s'il était
mort ou vivant ; aussi son arrivée imprévue
produisit-elle une violente émotion chez sa sœur.
Pendant un instant, celle-ci le regarda, se demandant si réellement c'était son frère ou un
fantôme, puis elle s'évanouit. Lorsqu'elle eut
repris connaissance, ils allèrent ensemble chez
leur mère, mais la joie qu'elle éprouva à la vue
de son fils, venant lui-même détruire tous les
doutes à son égard, fut trop forte : elle aussi
s'évanouit.

Jacoby passa les deux ou trois semaines qui
suivirent dans son lit, gravement malade.
Remis sur pied, il partit pour New-York, où on
l'échangea contre un autre prisonnier. De nouveau, le voilà au service du gouvernement, à
bord du schooner *Kittatiny*.

Pendant que le bateau louvoyait dans les
parages de Terre-Neuve, pour surveiller la
contrebande de guerre, William eut le malheur
d'encourir le mécontentement de l'un des officiers. Très fatigué, il s'endormit à son poste,
et, pour le réveiller, son chef lui jeta un baquet
d'eau froide à la tête. Irrité de ce mauvais pro-
cédé, Jacoby lui lança ces paroles menaçantes :
« Vous pouvez vous estimer heureux de ne pas

être sur un bâtiment de commerce ! » laissant à entendre que si ce n'eût été la discipline sévère de la marine militaire, il lui aurait volontiers rendu la pareille. « Répétez-donc ! cria l'officier, et je vous ferai une vie impossible à bord. » Cette menace ne fut pas vaine, car une nuit, la flamme du grand mât qui indique un vaisseau en service s'étant engagée dans le gréement, l'officier lui commanda d'aller l'arranger. L'ordre était parfaitement inutile, mais l'occasion de se venger semblait trop bonne pour la laisser passer. La nuit était sombre, le temps orageux, les vagues faisaient tanguer le navire ; malgré tout, Jacoby n'osa pas désobéir. A l'aide des échelles de cordes, il grimpa jusqu'à la barre de hune, se tenant ferme et immobile lorsque le schooner s'inclinait sur le vent, et montant aussi vite que possible quand il penchait sous le vent. Après bien des angoisses, il parvint à assujettir la flamme convenablement, tandis que le bateau continuait à se balancer d'une manière inquiétante.

La guerre terminée, et son temps de service accompli, Jacoby fut renvoyé, en juin 1865, après trois ans et quatre mois de service. Entré dans la marine mauvais sujet, il en sortait pire encore.

CHAPITRE III

Comment Jacoby entra dans l'armée
et en fut chassé

Les parents de Villiam, à son retour à
Philadelphie, eurent à envisager le difficile
problème de l'avenir de leur fils. Personnelle-
ment, il n'avait aucune idée définie à ce sujet.
Son père désirait cependant lui donner une
chance de succès ; dans ce but, et après mûre
réflexion, il acheta pour le jeune homme une
part d'intérêt dans une entreprise de camion-
nage très prospère, en rapport avec les plus
grandes maisons de la ville. C'était là une
occasion qu'un garçon même médiocrement
ambitieux aurait saisie avec joie, mais Jacoby
était trop indifférent et insouciant pour en
comprendre les réels avantages. Le penchant
pour la boisson qu'il avait contracté avant de
devenir marin, s'était considérablement accen-
tué ; il fumait,.... et la société qu'il fréquentait
n'était pas faite pour l'entraîner vers le bien.

Il aurait pu devenir riche s'il avait consenti à s'occuper sérieusement de ses affaires, mais il était aveugle même en ce qui concernait ses propres intérêts. Au cas où il se serait montré attentif et persévérant, son père avait décidé de lui abandonner l'affaire, à sa majorité; en attendant, il lui laissa la direction et l'argent.

Le jeune Jacoby ne se montra pas digne de la confiance que lui témoignait son père; les soucis du commerce ne cadraient guère avec ses goûts particuliers, il préférait passer son temps et gaspiller son argent dans la joyeuse compagnie des bars et cafés-concerts. Pour fréquenter ces lieux de plaisir, il lui fallut négliger son travail, et bientôt il se trouva sans le sou, sur le pavé de la grande ville. Le recours en semblable circonstance était l'armée; il s'engagea.

Affecté au 7° régiment de cavalerie, il partit pour Fort-Riley (Kansas) vers la fin de 1867. A peine arrivé, il s'enivra, étant de faction devant la salle de police. On peut se représenter l'amusement des prisonniers en le voyant dans un tel état! L'homme qui avait pour mission de les surveiller et de les garder ne pouvant plus se tenir debout! C'était bien la situation la plus grotesque qu'il fût possible d'imaginer. Bientôt il se trouva à son tour à l'intérieur de la prison.

Traduit en conseil de guerre, il fut condamné à quatre mois de prison avec suspension de paye....

Or, comme il était occupé à fendre du bois pour les officiers, travail ordinaire des prisonniers, la jeune femme d'un général le vit et s'intéressa à son sort. Dès qu'il eut purgé sa condamnation, il fut engagé en qualité d'ordonnance du général, mais sa passion pour la boisson l'eut vite fait disgracier et renvoyer à sa compagnie. La leçon aurait dû lui servir.

Hélas ! il n'en fut rien.

Un jour qu'il sortait du quartier sans permission, un officier le rencontra descendant en ville. Une discussion suivit qui se termina par l'arrestation de Jacoby et son incarcération à Leavenworth. On va voir que l'occasion qu'il guettait pour s'évader ne se fit pas longtemps attendre.

Pendant que son gardien surveillait un autre détenu occupé à nettoyer une voiture dans la cour de la prison, Jacoby, à l'aide d'une chaise, se hissa jusqu'à une lucarne, sauta dans la rue et partit pour le fort.

Bientôt, il entendit derrière lui le galop d'un cheval, et, se retournant, il aperçut le geôlier qui arrivait à bride abattue. Bien vite, il sauta par dessus une haie, et, ramassant une poignée de débris, il fit croire à l'homme qu'il avait une brique à la main et l'invita ironiquement à s'approcher. Le gardien, connaissant la réputation de Jacoby, hésita un instant et repartit.

A peine de retour au fort Riley, Jacoby fut placé sous bonne garde. De nouveau traduit devant ses juges, l'accusation retint contre lui les faits de désertion et violences contre un supérieur, et, bien que la preuve n'eût pas été faite, il fut condamné.

La vie en prison était des plus pénibles, les pires garnements du corps y étant rassemblés; chaque nouveau venu était jugé par ses compagnons qui l'obligeaient à fournir une certaine quantité de tabac. Heureux encore s'il pouvait payer l'amende, car, dans le cas contraire, on lui faisait subir les plus barbares traitements.

A sa sortie de prison, il revint à la compagnie, ses récentes expériences ne l'ayant nullement rendu meilleur. Le souvenir du passé s'envola vite, et la première paye qu'il reçut fut dépensée à boire dans les cabarets de la ville.

Sa réputation d'homme batailleur allait grandissant; il se battait à propos d'une bagatelle. Deux inspecteurs de la Sûreté lui mirent la main au collet, le soupçonnant d'avoir pris part à une rixe; mais, ne trouvant rien de suspect en examinant ses vêtements, ils le relachèrent;

une fouille un peu minutieuse aurait fait découvrir un énorme coutelas caché sur lui.

Jacoby avait aussi l'habitude de venir en ville pour boire avec un ami, et fréquemment il leur arrivait d'absorber plus de liquide qu'il ne convenait pour pouvoir rejoindre le fort sans encombre. Il leur arrivait de s'endormir sur la route, et souvent Jacoby se réveillait sous les coups que lui administrait son camarade dans son inconscience et sa stupeur d'ivrogne.

En fait, le nom de Jacoby devint synonyme de toute sorte de mal; point de bagarre à laquelle il ne fût mêlé; point d'effusion de sang où il n'eût au moins une part. Pour ses camarades et ses officiers, il était un être dangereux. Ivrogne et débauché, il était trop mauvais.... pour l'armée !

A la fin, on décida de se débarrasser d'une telle peste. Il passa en conseil de guerre et fut chassé de l'armée.

CHAPITRE IV

Vagabond

Que faire sans argent, sans amis, et à quelques centaines de milles de chez soi ? C'est là, sans aucun doute, une question difficile à résoudre.

Se laisser aller au découragement, c'était mourir de faim ; Jacoby ne s'arrêta pas à cette solution désespérée, et, laissant derrière lui Leavenworth, il se dirigea vers Kansas-City, où il réussit à prendre passage dans un train de marchandises. Combien de temps dura le voyage ? William n'aurait su le dire lorsqu'il s'éveilla, pas plus qu'il n'aurait pu expliquer comment il se faisait qu'il eût un compagnon de route en la personne d'un individu d'aussi piteuse mine que la sienne.

Comme on approchait des faubourgs de St-Louis, nos deux hommes sautèrent sur la voie. Jacoby se sentait terriblement meurtri et brisé.

Affamés et sans force, ils se mirent incontinent à chercher de l'ouvrage, et furent assez heureux pour en trouver à un réservoir en construction. Pas une seule fois, Jacoby n'avait fait le métier de manœuvre, aussi cette nouvelle occupation n'était pas gaie pour lui. On lui fit charrier, avec une brouette, des débris qu'il devait jeter du haut d'une planche qui surplombait un fossé de quinze à vingt pieds de profondeur. Il avait grand'peur de tomber, lui et sa brouette, de cette planche étroite et mal assujettie, ce qui ne manqua pas d'arriver, au moins en partie. Au deuxième ou troisième tour, sa brouette disparut avec le contenu; on s'empressa de le changer de travail.

Cette fois, il avait à charger un wagon, avec une troupe d'Irlandais, mais il n'eut pas plus de succès qu'auparavant; les autres ouvriers l'eurent vite distancé, et, de nouveau, le contremaître le mit à autre chose. Ses mains, tendres et inaccoutumées à un dur labeur, étaient fortement endommagées; la douleur qu'elles lui causaient était si violente, qu'il se promit de ne plus travailler un seul jour s'il parvenait à sortir de ce lieu : résolution insensée qu'il n'eut garde de tenir. Après un court essai du travail de cantonnier, les muscles de ses bras se contractèrent à un tel point qu'il se trouva pour un temps dans l'impossibilité absolue de les mouvoir.

Ces diverses expériences se succédant si rapidement étaient plus qu'il n'en pouvait supporter ; aussi, tournant le dos au réservoir de St-Louis, seul, lassé et sans argent, il se mit en route. Dans l'Etat d'Ohio, il put travailler pendant quelques jours sur une ligne de chemin de fer.

Tout son désir était de retourner chez ses parents. A l'exemple du Fils Prodigue de la parabole, il reconnaissait enfin que le mieux était, pour lui, de revenir à son père, et, jour après jour, sale, dépenaillé, il cheminait vers l'abri que lui offrirait la maison paternelle. Lorsqu'il fut las de marcher, il monta dans un convoi de marchandises qui le conduisit à Reading (Pensylvanie). De Reading, un train de charbon pour Philadelphie l'amena dans sa ville natale.

Ainsi parvenu, après bien des difficultés, à destination, il se dirigea vers la maison paternelle, à Mount-Vernon. Pauvre vagabond aux habits en lambeaux, il formait un étrange contraste avec la demeure où il allait rentrer. Son père, nous l'avons dit, était un riche négociant, et la maison qu'il occupait n'avait pas moins de trois étages et quatorze pièces. C'est donc à la porte de cette élégante habitation que vint frapper le fils prodigue.

Il ne désirait nullement voir son père, qui,

après une altercation assez vive, l'avait mis à la porte ; aussi, lorsque la servante vint ouvrir, étonnée à la vue de ce misérable en haillons, il demanda sa mère, sachant bien qu'elle aurait compassion de lui dans son amour, malgré sa misère.

Madame Jacoby descendit ; elle eut un regard de compassion pour cette pâle figure de rejeté. Soudain, reconnaissant son fils, elle courut vers lui et tomba dans ses bras en s'écriant : « Oh ! Bill !.. »

C'était la bienvenue d'une mère.

CHAPITRE V

Encore soldat

Malgré cette affectueuse réception, William ne vit pas son père de plusieurs jours, son arrivée ayant été tenue secrète; mais cette situation ne pouvait durer longtemps. Mr. Jacoby apprit le retour du fils prodigue, et, une fois encore, il lui fut donné de goûter la joie du pardon.

On aurait dû s'attendre, après tout ce qu'il avait supporté, à ce que le jeune homme, de nouveau confortablement installé chez lui, eût tenu à jouir de ses privilèges et à s'en montrer digne. Il connaissait suffisamment ce que l'on pouvait attendre du monde, pour estimer à leur juste valeur les bienfaits sans nombre du *home*, et une telle conduite eût paru simplement raisonnable. Jacoby n'en fit rien. Il quitta le foyer et obtint un emploi dans les chantiers de la marine. Mais la fréquentation de mauvais camarades lui valut souvent d'être l'hôte forcé de la prison municipale.

On lui fit partager une fois la cellule d'un ivrogne qui, la nuit, fut pris d'une crise de *delirium tremens*. Il s'imagina que sa tête partait, et ordonna avec menaces à Jacoby de la tenir ferme pour parer à cette douloureuse éventualité. Jacoby eut peur du colosse, qui n'aurait fait de lui qu'une bouchée, et l'ordre fut promptement exécuté.

Libéré, Jacoby devint pompier ; il trouva, dans sa nouvelle situation, maintes occasions de se battre, avec ceux de sa compagnie, contre une brigade rivale, et, dans ces rencontres, revolvers et couteaux jouaient le grand rôle.

Philadelphie allait bientôt devenir intenable pour Jacoby, à cause de ses escapades sans cesse renouvelées ; aussi songeait-il au départ. Mais où aller quand on n'a aucun métier pour gagner sa vie ? Il n'entrevit de refuge possible que dans l'armée. Là, comme ailleurs, la porte lui était fermée puisqu'il avait été chassé une première fois ; il était donc nécessaire d'avoir recours à un subterfuge pour se la faire ouvrir de nouveau. C'était un jeu pour Jacoby.

Avec son frère, moins âgé que lui de quatre ou cinq ans, il se présenta au quartier général sous le nom de William Jones et fut accepté. Son jeune frère ayant gardé son véritable nom, leur parenté ne fut conuue de personne. Ceci se passait en 1870.

Les voilà donc partis pour Governor-Island, où devaient se présenter tous les hommes à destination des provinces de l'Est. On fit des efforts pour les retenir sur l'île, certaines qualités les faisant désirer comme camarades. William, ayant passé par la marine, était un excellent rameur, et son frère un joueur à la balle de premier ordre ; leurs plans étaient différents, et ils partirent pour Fort-Laramie où se trouvait caserné le 22° d'infanterie à plus de trois mille deux cent kilomètres de Governor-Island. Le voyage fut des plus mouvementés. Les soldats étaient assis sur les banquettes des longs wagons, ne ressemblant en rien aux nôtres, qui ont la forme de boîtes étroites, mais plutôt aux tramways électriques si populaires dans les Iles-Britanniques.

La plus grande partie des hommes étant sous l'influence de la boisson, leur conduite ne pouvait être que le contraire de l'ordre. Soudain, un gros Irlandais, nommé O'Brien, se leva et parcourut le wagon, appliquant des soufflets à ses camarades et leur posant à tous la même question : « Avez-vous quelque chose contre O'Brien ? » Outré du sans-gêne de l'individu, Jacoby se pencha à l'oreille de son voisin et lui dit : « Si le bonhomme me frappe et me demande ce que j'ai contre lui, je le lui aurai vite fait savoir. »

Le pauvre fanfaron s'avança, et Jacoby eut le même sort que ses compagnons. La même question absurde lui fut posée : « Avez-vous quelque chose contre O'Brien ? » O'Brien eut sa réponse plus vite qu'il ne l'attendait. Jacoby, rapide comme l'éclair, lui détacha un formidable coup de poing dans la figure en s'écriant : « Oui ! voilà ce que j'ai contre O'Brien ! » Une lutte terrible s'ensuivit sur la plate-forme arrière de la voiture ; enfin les assistants réussirent à séparer les deux adversaires ; ils convinrent de se rencontrer de nouveau à la première halte, mais O'Brien ayant manqué au rendez-vous, l'affaire en resta là.

Arrivés au terme de leur voyage, les deux frères Jacoby furent envoyés à fort-Randall, sur le Missouri, où se trouvait un détachement du 22e. Bientôt, ils se trouvaient admis dans la meilleure société du régiment, grâce à leur habileté de joueurs de balle. L'un et l'autre furent choisis pour exercer diverses fonctions dans l'équipe.

Quelque temps après, la compagnie recevait l'ordre de se rendre à Whatstone-Agency, sur les bords du Missouri, dans un territoire réservé aux Indiens Sioux. Ceux-ci avaient levé le camp, et il ne restait plus que des huttes et des cabanes de bois habitées par des métis.

La vie du soldat aurait pu devenir monotone en un pareil endroit, mais on sut la rendre supportable par des jeux variés ; chose triste à constater, les tables de jeu ne restaient pas inoccupées. Cette plaie de la vie militaire avait pris à Whatstone des proportions considérables, puisqu'un seul pari pouvait atteindre le chiffre de 2.000 à 2.500 francs ; l'argent, dans ces conditions, avait vite changé de propriétaire, mais cela ne modifiait nullement les inclinations de Jacoby pour le jeu ; de plus, ses habitudes d'intempérance lui valurent souvent la salle de police.

Au point de vue physique, il était un des meilleurs hommes de la compagnie, et, comme lutteur, s'il avait des égaux, ils étaient peu nombreux, et l'on pouvait s'attendre à le rencontrer dans toutes les luttes, comme organisateur et principal acteur.

Les alentours du camp étaient des plus mal fréquentés, les fermiers ne se gênant point pour vendre de l'eau-de-vie en cachette ; il arrivait aussi que le capitaine faisait saisir et porter au camp l'alcool que l'on pouvait obtenir chez eux. Les gardiens de ces fermes étaient pour la plupart des « desperadoes » obligés de fuir les territoires de l'Est à cause de leurs crimes. Les soldats composaient leur meilleure clientèle, bien que les relations entre les deux parties fussent loin d'être amicales.

Jacoby connaissait comme pas un les fermes voisines, et il eut, un jour, l'occasion de mettre cette connaissance à profit.

En sa qualité de trésorier du club de balle, les fonds de l'association, qui s'élevaient à 200 ou 250 francs environ, étaient en sa possession. Or, un soir, il perdit au jeu tout ce qu'il possédait ; mais, avec l'espérance particulière au joueur, il crut que la chance tournerait de son côté s'il persévérait un peu ; il engagea l'argent du club et le perdit ; pour toute consolation il ne lui restait que le sentiment d'un abus de confiance.

Pour réparer sa faute, l'idée lui vint d'acheter une grosse quantité d'alcool et de le revendre aux soldats. Il mit aussitôt son projet à exécution avec un de ses amis, nommé Kelly. Malgré le long trajet qu'ils avaient à faire dans la solitude et la nuit, ils partirent. Après avoir erré pendant sept kilomètres dans les bois, il leur fallut traverser le Missouri sur la glace et faire une trentaine de mètres à la nage dans une eau glacée, entre un banc de sable et le rivage. Un kilomètre plus loin, ils arrivaient au but de leur voyage. Kelly resta dehors ; seul, Jacoby entra hardiment, et, allant droit au comptoir, demanda l'eau-de-vie qu'il était venu chercher. La salle était remplie de métis, et plus tard, certains d'entre eux avouèrent que sans la crânerie dont il avait fait preuve en entrant, on l'aurait très probablement tué et dépouillé sur le champ.

Son ordre exécuté, Jacoby et son compagnon se remirent en route avec plusieurs petits tonnelets et bidons d'alcool. Ils n'étaient pas bien éloignés de la ferme qu'ils avaient déjà goûté le contenu des petits barils. L'alcool était de mauvaise qualité, mais peu importait pourvu que ce fût de l'alcool. En peu de temps ils étaient ivres, et ce n'est qu'à grand'peine, trébuchant le long du chemin, roulant au fond des ravins, et hurlant comme des animaux sauvages, qu'ils atteignirent le fort. Jacoby en était arrivé à un tel degré d'intoxication qu'il mit un des tonnelets entre ses couvertures, et, pensant déposer le whisky à terre, il se coucha sur le parquet et s'endormit. Cette scène avait pour témoins quelques soldats qui n'attendaient qu'une occassion propice pour agir. Ils avaient vu Jacoby entrer avec la liqueur, et, comprenant dans quel état il se trouvait, ils guettaient le moment favorable pour s'en emparer. Jacoby endormi, le champ était libre. Aussitôt le whisky de couler jusqu'à ce que tous fussent ivres !

Le désordre se mit dans le camp, des coups furent échangés ; l'enquête aboutit à la découverte de l'auteur de tout le mal, qui fut puni.

Ainsi, au lieu de pouvoir restituer l'argent qu'il s'était approprié, Jacoby se trouvait une fois de plus à la salle de police, condamné en outre à porter, sept jours durant, 18 kilogrammes de briques dans son sac. C'était la déplorable conséquence de sa téméraire entreprise.

Là ne devait pas se borner la série de ses aventures à Whatstone. Avec plusieurs autres camarades, il quitta le campement sans autorisation pour « faire la noce ». Traversant le Missouri en barque, ils gravirent les collines de la rive opposée et s'arrêterent à une baraque en planches où logeait un certain Mackay, grand et solide gaillard de quarante à quarante-cinq ans, dont la mauvaise réputation s'étendait dans tout le pays, et qui portait sur le corps les marques de rixes sans nombre.

Les soldats étaient tout entiers au jeu et à la boisson, lorsque Mackay, s'approchant avec une liasse de dollars, leur offrit un verre. L'invitation fut aussitôt acceptée, et les hommes s'avancèrent vers le comptoir. Lorsque vint le moment de régler, Mackay demanda : « Et maintenant, qui va payer la note ? » — « Mais vous, bien entendu ! » riposta Jacoby ; vous nous avez offert un verre ! Malgré son garçon qui prit fait et cause pour les troupiers, Mackay nia avoir invité personne. « Qui payera ? » demanda-t-il encore une fois. De nouveau on lui fit la même réponse catégorique : « Vous ! » — « Ah ! c'est ainsi, » cria Mackay, et ils disparut dans l'arrière-boutique, où se trouvaient les tonneaux d'alcool, pour en sortir un instant après armé d'un fusil à deux coups dont il menaça Jacoby et ses compagnons.

Alors s'engagea une lutte terrible, trop écœurante pour être racontée en détail. Les balles pleuvaient et le sang coula, Jacoby prenant sa part dans la mêlée. Un homme fut dangereusement blessé d'un coup de poignard, et plusieurs autres grièvement atteints. Enfin, lorsque les combattants tout meurtris furent obligés de désarmer, les soldats se remirent à jouer et à boire de plus belle. Mackay avait disparu ainsi que son domestique, chassés de leur propre demeure ; aussi les soldats ne manquèrent-ils pas de se servir librement des spiritueux que contenait la boutique. Quant à William, il perdit toute notion de ce qui se passait, et, lorsqu'il se réveilla, il se trouvait séparé de ses amis, au milieu d'une bande de métis, sur les rives du fleuve. L'un deux s'approcha de lui avec un revolver et lui cria : « J'ai bien envie de te faire sauter la cervelle ! » Assis, le regard vide, l'esprit absent, Jacoby le contemplait tout hébêté ; grâce à l'intervention de Mackay tout se borna à une menace.

Mais les coups de feu avaient attiré le capitaine, qui traversa le Missouri avec une bonne escorte. Jacoby et ses compagnons furent mis aux fers, puis à la salle de police. Le capitaine déclara qu'il n'aurait infligé aucune punition à ses hommes si seulement ils avaient tué Mackay et brûlé sa chaumière.

Certes, ce n'était point leur faute si ce dernier était encore vivant. Les soldats avaient bien fait leur possible pour le tuer, et seul, un hasard providentiel avait empêché leurs mains d'être souillées de sang.

CHAPITRE VI

La vie d'un soldat

Peu de temps après l'aventure rapportée au chapitre précédent, la compagnie partait pour protéger un corps d'ingénieurs chargés du tracé de la ligne du Northern-Pacific, de Bismárck à la Powder-River. Jacoby, favorisé par la chance, gagna pendant la route 2.500 francs en jouant avec les hommes d'équipe et les soldats ; mieux encore, le long de la rivière Yellowstone et dans les « Bad-Lands », ils trouvèrent des pierres précieuses dont quelques-unes de grande valeur.

Pendant cette expédition, Jacoby trouva naturellement matière à discussion, et quelqu'un avec qui discuter. Les hommes étaient disposés en rangs de quatre, et les prairies que l'on devait traverser rendaient la marche lente et difficile. Il fallait posséder une robuste constitution pour pouvoir affronter une pareille fatigue dans des chemins à peine tracés. Tous n'étaient

pourtant pas si mal avantagés, les lourds chariots de bagages aplanissaient un peu la route
et la rendaient un peu moins impraticable pour
ceux qui suivaient. Jacoby était au nombre de
ces privilégiés, étant le quatrième de sa file.
Près de lui se trouvait un petit Allemand, au
caractère ombrageux, qui essaya habilement de
lui prendre sa place ; mais Jacoby n'était pas
homme à se laisser faire, et il refusa de céder.
L'Allemand ramena son fusil en arrière comme
pour en asséner un coup à Jacoby, mais au
même instant le canon du fusil de son adversaire le heurta violemment a la tête. Prompt
comme l'éclair, il abaissa son arme pour y pla-
cer une cartouche, mais William, devinant ce
qui allait arriver, en glissa une dans son propre fusil et se tint prêt à faire feu. Le Teuton se
réfugia derrière ses camarades, et Jacoby, saisi
par derrière, fut mis dans l'impossibilité de
nuire. Sur ces entrefaites, le capitaine vint à
passer, et s'informa des causes de l'incident ; il
ne parut pas y attacher une grande importance
au moment même, et l'affaire n'eut son épilogue qu'à la halte du soir. Deux magnifiques bois
d'élan, d'environ trois pieds de haut, que possédait la compagnie, furent utilisés d'une
manière tout à fait originale. Sur l'ordre du
capitaine, on attacha Jacoby à l'un des bois,

l'Allemand à l'autre, et les voilà se montrant les dents comme chien et chat, à la grande joie de toute la troupe. Ce fut là toute leur punition.

Le fait que nous allons rapporter est, cette fois, tout à l'honneur de Jacoby. Il tenait compagnie à l'Allemand dans la salle de police, lorsqu'on vint les chercher pour leur faire remplir à la rivière les barriques d'eau nécessaire à la compagnie. Ce dernier s'engagea imprudemment dans l'eau, et le courant, rapide en cet endroit, l'eût certainement emporté, sans Jacoby qui se porta à son secours et parvint à le hisser sur la berge. A partir de ce jour, il ne fut plus question de querelle entre les deux hommes.

Plusieurs rencontres eurent lieu avec les Indiens ; les attaques des « hommes rouges » étaient toujours soudaines et rapides ; ils poussaient la bravoure jusqu'à la témérité. Une fois entre autres, deux Peaux-Rouges s'avancèrent à quelques centaines de mètres du camp, en agitant leurs oripeaux. Leurs chevaux filaient comme le vent, et, malgré le feu roulant d'une ligne de soldats, aucun des deux ne fut atteint, et les audacieux Indiens disparurent aussi vite qu'ils étaient venus. Ce n'était pas une preuve d'habileté de la part des tireurs, et, fait étrange, les meilleurs « fusils » ne parvinrent pas à réparer cet échec dans la circonstance suivante :

Une jeune antilope, inconsciente du danger qu'elle courait, ou peut-être dédaignant les *prouesses* des soldats, bondissait sans crainte à une faible distance des troupes. « Inutile de tirer tous, dit le capitaine, deux ou trois suffiront ». Jacoby et deux autres s'avancèrent : l'animal ne fut pas atteint et s'enfuit vers les montagnes. Jacoby ne savait que penser ; l'antilope était si près de lui que ses camarades, pour plaisanter, disaient qu'elle avait sauté par dessus son fusil. Il supposa avoir fermé les yeux en tirant, et oublié de viser ; même il se souvint avoir négligé, dans sa précipitation, de mettre son arme à l'épaule.

Bien qu'endurci, William était encore parfois susceptible de bons sentiments. Il était de garde au camp, un matin avant le réveil, et un petit chevreau sauvage, passant à quelques mètres de lui, s'arrêta pour le regarder et partit en trottinant ; il eût été facile de le tuer, mais l'innocence du pauvre petit animal toucha le cœur du rude soldat.

Une autre scène, dont il fut le témoin, impressionna vivement Jacoby. On avait dressé le camp dans un endroit magnifique, où tout respirait la paix. Le matin, au lever du soleil, il lui sembla voir au sommet des collines des

citadelles aux antiques crêneaux. C'était un de
ces spectacles trompeurs que la nature nous
offre quelquefois.

Près d'un bosquet, dans la plaine, deux élans
aux bois superbes, aussi grands que des chevaux, considéraient les soldats d'un air étonné.
C'était un coup d'œil inoubliable, et Jacoby
songeait que jamais il n'avait rien vu d'aussi
simplement et purement beau. Mais la parfaite
paix du lieu ne dura qu'un instant. L'homme
souilla une fois de plus le jardin d'Eden : un
coup de feu retentit, et l'une des nobles bêtes
tomba ; un moment après, la seconde était cou-
chée aux pieds de l'autre. Toute la beauté du
paysage s'évanouit aussitot : la mort était venue la détruire, et la cruauté de l'action pénétra Jacoby jusqu'au fond de l'âme.

De retour à Fort-Randall avec sa compagnie,
il y continua sa vie désordonnée. Des désirs de
réforme se manifestaient cependant ; aussi,
quand on lui proposa de faire partie d'une loge
de Bons-Templiers, il accepta ; mais sa réputation était si mauvaise qu'à la réunion du conseil où sa candidature fut discutée, il eut quatorze votes contre lui : s'il en avait eu davantage il n'en aurait pas été autrement étonné.
On le trouvait trop mauvais pour la loge ; on
regardait même sa demande comme une plai-

santerie. Apparemment, on le classait dans la catégorie des incurables.

Un seul homme ne pensait pas comme les autres. Jacoby pouvait, après tout, désirer sincèrement renoncer à sa passion. Cet homme crut de son devoir d'aller le trouver. Jacoby le reçut parfaitement et lui confirma son désir de devenir membre de la Société. « Très bien, lui fut-il répondu, votre nom passera à la prochaine réunion ». Il passa, en effet, et Jacoby fut reçu dans l'ordre des Bons-Templiers.

En rentrant à la caserne, le soir de sa réception, trois de ses amis, tous les trois membres de la même Société, aussi ivres qu'il est possible de l'être, vinrent le voir et lui offrirent du whisky. L'un deux conseilla pourtant de ne pas accepter et exprima son regret de se trouver dans un pareil état. Voulant demeurer attaché à ses nouvelles couleurs, Jacoby déclara bien haut qu'il n'en boirait pas une goutte, au grand dépit de ses associés de la loge. Il maintint cette résolution pendant deux ans, jusqu'en 1875, date à laquelle expirait son engagement, et où il quitta le service.

CHAPITRE VII

Quelques expériences

Nous aimerions bien constater que Jacoby, après avoir pendant deux ans, conservé intact son engagement de tempérance, au milieu des tentations de tout genre que l'on rencontre dans l'armée, le conserva également à son retour dans la vie civile. Hélas! il n'en fut rien. A peine arrivé à Philadelphie, il se joignit à une bande de viveurs, faisant avec eux de fréquentes visites aux cabarets de la ville, et plus que jamais se livrant à sa terrible passion. Une de ses aventures lui a laissé de pénibles souvenirs.

Un matin, il sortait, mis à la dernière mode, chapeau haut de forme et canne à pomme d'or, et, bien que ce fût un dimanche, il se rendit tout droit au café, où une discussion, à laquelle il n'était pas étranger ne tarda pas à s'élever. Entraîné de force dans la rue, son chapeau fut écrasé, sa jaquette déchirée par derrière du haut en bas, et c'est tout couvert de boue qu'il

reprit le chemin de la maison. Sa mère l'entendit passer devant la porte du salon, comme il
montait à sa chambre et, ne l'ayant pas encore
vu, elle l'appela. Jacoby entra, titubant légère-
ment, car il était pris de boisson.

Qui pourra jamais dire les sentiments qui
envahirent l'âme de cette mère en présence
d'un tel spectacle ? Le cœur serré, elle le
regarda, incapable de prononcer un seul mot,
tant était grande sa douleur. Le lendemain
William eut encore assez de tenue pour paraître
tout confus de son acte.

Eprouvant ensuite le besoin de trouver une
occupation quelconque, il s'engagea comme
conducteur de tramways à Philadelphie, mais
ce ne fut pas pour longtemps, et en 1876, pendant les fêtes du Centenaire, il devint agent de
police. Une malédiction semblait toutefois
s'attacher à ses pas ; il buvait et négligeait son
devoir. On le trouva un soir, ivre et en uni-
forme, couché dans l'arrière-boutique d'un bar.
De pareils faits ne pouvaient être tolérés :
maintes fois averti, mis à pied et tout demeu-
rant inutile, il fut finalement congédié ; aucune
influence politique ne put obtenir sa réinté-
gration.

Disgracié une fois de plus, il quitta la maison
paternelle et Philadelphie sans avoir aucun but

devant lui. Il ne connaissait point de métier, et d'ailleurs sa conduite était tellement irrégulière qu'il aurait été impossible de lui confier un travail sérieux. Son unique refuge étaient l'armée et la caserne.

Il partit pour l'Ouest, et peu de temps après il était de nouveau soldat à la 7° compagnie du 9° d'infanterie à Fort-Laramie, sous le nom de William Jones qu'on lui connaissait déjà. Son amour pour la bouteille ne fut pas sans lui causer de nombreux ennuis dans sa nouvelle situation.

A peine était-il arrivé à Fort-Laramie, que les troupes partaient pour la banlieue d'Omaha. Civils et militaires y avaient de fréquentes rencontres, et ces derniers n'en sortaient pas toujours vainqueurs. Il advint qu'un soldat fut un jour maltraité par quelques mauvais garnements de la ville et rapporta son histoire au camp. Les coupables devaient être punis, et immédiatement une trentaine d'hommes se concertèrent sur les moyens de venger leur camarade. A la tombée de la nuit, ils partirent pour Omaha, et, méthodiquement, visitèrent les cafés où ils pensaient devoir trouver leurs adversaires. N'aboutissant pas dans leurs recherches, la bande se divisa en petits groupes qui se dispersèrent dans toutes les directions.

Vers minuit, en rentrant au fort, le groupe de quatre dont Jacoby faisait partie entra dans un cabaret. Ils étaient tranquillement attablés, lorsqu'un grand gaillard entra à son tour, et, familièrement, s'approcha des soldats. « Voici le chef », murmura à l'oreille de Jacoby un des camarades. « Très bien ! répondit Jacoby, une minute, et nous allons lui faire son affaire ». Ils quittèrent donc la salle et prièrent l'individu de sortir. Il était, à ce moment, impossible de distinguer quoi que ce soit... Accusé d'avoir attaqué leur ami, l'homme le nia, mais il ne réussit pas à convaincre les soldats, qui se jetèrent sur lui et le frappèrent à coups redoublés. Il parvint à se dégager et se réfugia dans le bar ; mais Jacoby n'avait pas dit son dernier mot. S'armant d'une large plaque de bitume enlevée au trottoir, il attendait patiemment, dans l'ombre, que son ennemi voulût bien se montrer. Celui-ci ne tarda pas à sortir, tout préparé pour le combat. Jacoby, qui guettait le moment, lui lança l'énorme pierre à la tête et l'étendit par terre, sans connaissance. Dans son ivresse, il l'eût de nouveau frappé, peut-être même tué, sans le patron du bar qui accourut au secours du blessé et le supplia de s'éloigner. Pour ce fait, Jacoby fut emprisonné. Deux avocats vinrent le visiter et lui offrirent

leur concours. Lorsque l'affaire vint en jugement, l'accusé nia avoir assisté à la lutte. Le
cabaretier, seul témoin entendu, ne reconnut pas
l'agresseur ; la victime, qui n'avait rien vu à
cause de l'obscurité, ne put fournir aucun ren-
seignement précis à la justice, et Jacoby, faute
de preuves, fut acquitté.

A quelque temps de là, le gouvernement rédui-
sit l'effectif de l'armée active, et expédia des
ordres en conséquence, pour que tous ceux qui
approchaient du terme de leur engagement ou
dont la conduite était mauvaise fussent renvoyés
dans leurs foyers. Jacoby se trouva classé dans
la deuxième catégorie et fut congédié ; il n'était
pas digne d'être soldat ; pour la seconde fois,
l'armée n'avait que faire de lui. Il fallait vraiment être tombé bien bas pour en arriver là.

Une fois encore, Jacoby était sans travail et
presque sans argent, puisqu'il n'avait pas de
quoi se procurer un vêtement neuf ; toutefois,
avec quelques dollars, il en trouva un d'occasion qui paraissait très bon. Omaha allait,
pour quelque temps devenir son quartier général,
car il pensait pouvoir y trouver un emploi.
Malheureusement pour lui, la police le surveillait, et, ne voulant pas avoir à s'occuper de ses
affaires, on le somma de quitter la ville dans
un délai de vingt-quatre heures. Il supplia,

protestant de son innocence, mais avant que les vingt-quatre heures fussent écoulées, il était en prison, sous l'inculpation de vol. Peu après, on le conduisit hors de la cité, et on lui rendit la liberté.

Sans but, souffrant de fatigue et de faim, il se dirigea vers les Etats du Sud, mendiant son pain sur la route. Certes, il ne mangeait pas toujours à sa faim, aussi fut-il reconnaissant d'accepter un jour un bon repas qu'on lui offrit dans une chaumière. Depuis sept semaines il n'avait rien eu de pareil comme nourriture, et il mangea avec une telle rapidité, que son front était baigné de sueur, et qu'il eut honte de lui-même lorsqu'il eut achevé ; mais, si l'on considère qu'il n'avait pas été loin de mourir de faim, on pourra excuser en quelque mesure sa gloutonnerie.

Poursuivant son chemin, il se fit embaucher au chemin de fer près de Saint-Joseph ; mais ce genre de travail étant trop fatigant pour lui, il chercha autre chose.

Il offrit alors ses services à un vieux fermier.

« Savez-vous lier ? lui demanda celui-ci.

— Parfaitement ! répondit Jacoby, sans savoir le moins du monde de quoi il s'agissait.

— Savez-vous labourer ?

— Oui ! »

En fait (mais c'était un détail pour Jacoby), il n'avait jamais vu de charrue de sa vie.

Le prenant au mot, le vieillard le conduisit dans ses champs et le mit au travail, se tenant en arrière pour surveiller l'opération. Jacoby prit les poignées sans savoir ce qu'il devait faire ensuite ; puis, voyant le cheval attelé à la charrue, il supposa qu'il avait un rôle à remplir dans l'affaire, et lui cria d'avancer. L'animal obéit ; Jacoby tenait la machine du bout des doigts, comme s'il eût craint de se souiller à ce contact.

A peine avait-il fait quelques pas, qu'il entendit le propriétaire lui crier : « Mais tenez-vous donc plus près de votre charrue ! » Jacoby exécuta l'ordre reçu, mais le deuxième essai ne fut pas plus heureux que le premier. « Parions, lui dit le fermier, que vous n'avez jamais vu de charrue de votre vie ? » Jacoby dut reconnaître que le fait était exact.

« Pouvez-vous, au moins, couper le bois ? demanda le fermier.

— Oh ! oui... répondit-il sans hésiter.

— Bien ! alors venez ». Il emmena Jacoby dans un bois, et, lui mettant une hache en main, lui demanda d'abattre un arbre... Sans nul doute, il avait compris à qui il avait affaire et voulait s'amuser un peu aux dépens de son homme.

Comme quelqu'un qui est parfaitement au courant du travail, Jacoby attaqua l'arbre. Malheureusement pour lui, chaque coup portait à un endroit différent, et la présence du fermier à ses côtés n'était pas pour lui donner de l'assurance.

« Venez donc ! lui dit alors le vieillard en souriant, je vois que vous n'êtes pas taillé pour faire un agriculteur ni un bûcheron. Peut-être trouverez-vous à la ville un travail qui conviendra mieux à vos aptitudes ». Après lui avoir donné un bon dîner, le brave paysan le conduisit en voiture jusqu'à la ville, où il lui souhaita bonne chance.

Cet échec n'avait nullement découragé Jacoby, comme on pourrait le penser ; le travail des champs était, après tout, aussi facile qu'un autre, et peu après il trouvait le moyen de se faire engager, comme lieur de gerbes, dans une ferme de la localité.

A peine les ouvriers avaient-ils commencé la journée, qu'une forte pluie se mit à tomber, et pendant plusieurs jours tout travail aux champs fut impossible. Jacoby n'en était pas autrement contrarié, puisqu'il était logé et bien nourri... sans rien faire ; aussi n'est-ce pas sans une certaine appréhension qu'il vit le beau temps revenir. Lorsqu'arriva le moment de se mettre à l'ouvrage, il examina une gerbe déjà liée, et ne put s'empêcher de se féliciter d'avoir enfin trouvé une occupation facile et à sa portée.

Suivant la moissonneuse avec plusieurs autres hommes, il fit quelques gerbes et les lia de son mieux; mais il n'alla pas bien loin sans entendre un de ses compagnons lui reprocher que ses gerbes se déliaient. En même temps, il lui enseigna comment faire un nœud proprement, et Jacoby, avec un peu de bonne volonté, parvint à s'en tirer le mieux du monde. C'était, en somme, le meilleur travail qu'il eût trouvé depuis longtemps, et, tant qu'il lui convint, il n'en chercha pas d'autre.

CHAPITRE VIII

Deuils

Là ne devaient pas se borner les diverses
expériences de Jacoby. Employé pour la mois-
son dans une ferme de l'Etat d'Iowa, il faisait
de fréquentes visites à la ville voisine de Guthrie-
Centre, pour y chercher de quoi boire. Le régime
de la tempérance y était appliqué, et seules, les
drogueries pouvaient vendre des liqueurs en
petite quantité. Mais peu importait à Jacoby,
pourvu qu'il pût s'en procurer. A la longue,
cependant, on finit par le connaître, et les do-
mestiques refusèrent de lui remettre de l'alcool.
Alors, moyennant rétribution, des camarades
se chargèrent de lui en fournir. Un soir, l'heure
étant avancée, Jacoby, après une de ses « fêtes »
nocturnes, rentrait à la ferme, située dans la
banlieue de la ville, lorsqu'il tomba sur la route
et s'endormit.

Le soleil était déjà haut lorsqu'il s'éveilla ;
il avait dormi sur un étroit petit pont, où pas-

saient très souvent de lourds chariots. Un de ces véhicules descendant pendant la nuit, aurait fort bien pu l'écraser.

Ce n'était pas la première fois qu'il lui arrivait de dormir ainsi sur la voie publique ; toutefois, le danger qu'il avait couru en cette circonstance aurait dû lui servir d'avertissement ; mais, plus que jamais, il continua à boire, et sa réputation devint si mauvaise qu'on résolut de le chasser de la ville.

Trois ou quatre mois après l'aventure que nous venons de raconter, Jacoby épousa la fille d'un minotier, Mlle Ida Young, dont il avait fait la connaissance quelque temps auparavant.

Momentanément, il abandonna la boisson. Son père et sa mère, auxquels il avait annoncé son mariage, vinrent le visiter et demeurèrent environ une semaine avec lui ; en partant, ils lui firent cadeau d'une somme de 500 francs. Avec de l'argent en poche, sa passion le reprit de plus belle, et tout ce qu'il avait reçu de ses parents fut vite dépensé.

La vie de péché dans laquelle il était plongé rendit bientôt la maison de son beau-père, où il habitait avec sa femme, intenable pour lui ; lorsqu'il était ivre, on ne pouvait l'approcher que difficilement. La naissance d'une petite fille aurait dû, sembla-t-il, adoucir son caractère et changer ses déplorables habitudes, mais il paraissait ne plus pouvoir être accessible à aucun bon sentiment ; peut-être n'y avait-il plus pour lui de salut !

Quittant sa femme et son enfant, il partit pour Minneapolis, où se trouvait une de ses sœurs, qui l'employa dans sa ferme. Puis, sur le conseil de cette dernière, il fit venir sa femme et le bébé, mais celui-ci mourut peu de temps après, laissant un vide profond dans l'existence de l'homme endurci qu'était son père.

Employé un peu plus tard au chemin de fer, Jacoby fut un jour envoyé avec d'autres ouvriers pour déblayer la voie bloquée par la neige, dans la section de Minnesota. Ici apparaît de nouveau l'indignité de Jacoby. Au lieu de se mettre au travail, il choisit un moment où il n'est pas surveillé pour s'éclipser et part pour la ville voisine, où nous le trouvons attablé dans un cabaret. Malheureusement pour lui, le chef d'équipe vint à entrer, et, voyant qu'il avait abandonné son poste, le congédia sur le champ.

Le voilà encore dans une position critique, à plus de cent milles de chez lui, dans un pays couvert de neige et sans un sou en poche. Que faire ? Il entra dans un café où deux hommes jouaient « à la poule », et, comme il était très fort à ce jeu, il se mit de la partie. Il savait bien que s'il perdait, il ne pourrait pas payer, mais la chance le favorisa du commencement à la fin. Tout en jouant on buvait ; subitement l'un des partenaires s'écria : « Allons, nous sommes prêts à faire du tapage ! » Jacoby, déjà ivre à moitié, ne demandait qu'à se battre, aussi répliqua-t-il qu'il se chargeait de faire tout le tapage qu'on pouvait désirer. Sur ces entrefaites, un grand gaillard à la mine louche pénétra dans le bar ; en temps ordinaire, Jacoby eût compris qu'on allait lui jouer quelque mauvais tour, mais il était trop abruti par l'alcool pour se rendre compte de ce qui se passait.

Les deux compères n'eurent rien de plus pressé que d'inviter le soi-disant étranger à prendre part au jeu, ce que celui-ci accepta sans se faire prier, mais bientôt survint une contestation et les trois personnages tombèrent sur Jacoby à bras raccourcis, et l'abandonnèrent en piteux état sur le plancher de la salle.

Lorsqu'il eut repris connaissance, il sortit, et, sachant que le chef d'équipe ne le laisserait pas rentrer chez lui avec les autres ouvriers, il partit pour la station la plus rapprochée.

Chemin faisant, il rencontra un homme, et le dépouilla de son argent. Arrivé à la gare, il sauta selon son ancienne coutume, dans un train de marchandises qui le conduisit à destination.

Il revenait peu de temps après à Guthrie-Centre sur l'invitation de son beau-père, qui le prit comme associé. Au lieu de se montrer reconnaissant envers lui, Jacoby le vola méthodiquement. Nous verrons plus tard comment il restitua l'argent mal acquis. C'est à cette époque que Jacoby reçut la nouvelle de la maladie de sa mère, que vint bientôt confirmer un télégramme lui demandant de partir sans retard s'il tenait à la revoir encore une fois.

Plus de 2.000 kilomètres le séparaient de Philadelphie. Il se mit en route et arriva encore à temps pour recueillir son dernier soupir.

Lorsqu'il entra dans la chambre de sa mère, celle-ci ne le reconnut pas ; mais on lui dit combien elle avait désiré sa venue ; les regards de la mourante étaient continuellement fixés vers la porte, et quand on lui demandait si elle voulait quelque chose, elle regardait toujours la porte par où son fils devait entrer.

Jacoby comprit l'immensité de la perte qu'il venait de faire, et, au pied du lit de sa mère, il pleura comme si son cœur allait se briser.

Un ou deux ans après il revenait à Philadelphie pour une circonstance semblable. Son père était à l'agonie, les médecins l'avaient condamné.

« Viens », disait la dépêche ; il partit sur le champ, mais arriva trop tard.

A l'ouverture du testament, on trouva que le défunt laissait à peu près 450.000 francs à partager entre ses cinq enfants.

La mort de son père mettait entre les mains de Jacoby plus d'argent qu'il n'en avait jamais eu. Qu'allait-il en faire ? L'ensevelissement avait à peine eu lieu que le gaspillage commençait en prodigalités insensées.

A quoi donc aurait-il pu songer, avec une bourse bien garnie, sinon à s'accorder un peu de « bon temps » ?

CHAPITRE IX

Au service de Satan

Jacoby ne devait pas se servir de la petite fortune que lui avait laissée son père, pour faire le bien ! Son argent allait lui ouvrir bien des portes qui, jusqu'alors, étaient restées closes pour lui. L'obstacle qui avait en quelque sorte arrêté ses passions n'existait plus désormais. Aussi donna-t-il libre cours à tous les mauvais penchants et aux désirs déréglés qui se déchaînaient en lui.

Il revint à Guthrie-Centre, après l'enterrement, et acheta un commerce de chaussures, se donnant ainsi une certaine importance dans la ville. Au reste, il ne s'en occupa que lorsque ses plaisirs lui en laissaient le loisir. Avec une véritable insouciance de millionnaire, enfoncé dans l'orgie et la débauche pendant des semaines entières, il dépensait son argent à Omaha et Des-Moines, frayant avec les pires individus.

A Omaha particulièrement, il se mit en rap-

port avec une bande d'athlètes qu'il se chargeait de régaler, ce qui n'était pas une petite
affaire, mais Jacoby ne regardait pas à la dé-
pense ; tant qu'il avait de l'argent, peu lui
importait où il pouvait passer. En une seule
semaine, il lui arrivait de dépenser ainsi 2.500
francs, et parfois même le double.

Les batailles, après ces orgies, étaient fréquentes, et c'est miracle qu'il n'ait pas eu à se
reprocher quelque meurtre ; on se demande
aussi comment il parvint tant de fois à échapper
à la mort. Une fois excité, Jacoby faisait aussi
peu de cas de la vie des autres que de la sienne
propre. Il se rendit un soir en voiture en de certains endroits où il était bien connu. Arrivé à
destination, il demanda au cocher combien il
lui devait. Celui-ci réclama sans doute plus que
le prix convenable, car Jacoby refusa carrément
de payer et entra dans la maison où il se rendait. Quand il en sortit, l'automédon avait trouvé
un défenseur en la personne d'un collègue qui,
menaçant Jacoby de son fouet, le somma de
payer. « Je vous ai attendu ! dit-il, et cela va
« chauffer » si vous ne vous exécutez pas de
bonne grâce ! »

— « Vraiment ! vous avez pris la peine de
m'attendre ? répondit Jacoby sur un ton conci-
liant qui désarma son adversaire. Ah ! mais

cela fait une fameuse différence !... » Mettant la main à la poche comme pour y chercher son porte-monnaie, il en sortit un revolver, et visant l'homme, lui intima l'ordre de prendre le large, faute de quoi il serait obligé d'user de rigueur. L'individu ne se fit pas répéter la menace ; bondissant sur son siège, il s'éloigna rapidement, pendant que Jacoby réglait son cocher comme il l'entendait.

La facilité avec laquelle il faisait usage de ses armes le rendait dangereux à fréquenter. Très susceptible de nature, le moindre prétexte lui suffisait pour faire feu ; il s'imaginait à chaque instant qu'on voulait l'insulter, et jamais il ne tardait à se venger.

Trois pugilistes connus se trouvaient avec lui, un soir, dans un fiacre. Arrivés au bout de la course, il paya le cocher, puis subitement les quatre amis revinrent sur leurs pas. Le cocher voyant cela leur offrit de les conduire, sans supplément de prix, là où ils désiraient se rendre. Ils acceptèrent. Quelques instants après, lorsqu'ils descendirent de voiture, le conducteur leur réclama deux dollars. Jacoby, indigné, répondit qu'il ne donnerait pas un centime.

A ces mots, un de ses compagnons, qui semblait de connivence avec le cocher, quitta sa veste et ordonna à Jacoby de payer. Celui-ci avait prévu l'affaire. Sortant son revolver, il invita son adversaire à avancer; aussitôt le courage du lutteur l'abandonna. « C'était, dit-il, une plaisanterie », et Jacoby redevenu confiant rentra son arme. Il était évident que ces gens ne cherchaient qu'à le voler, mais il ne le comprit pas et les suivit dans un cabaret. — Ce fut seulement par des menaces de tuer le premier qui ferait mine de s'approcher qu'il réussit à leur échapper. Sachant bien qu'il exécuterait sa promesse, les filous se retirèrent.

Dans une autre occasion, nous le trouvons attablé dans un café, avec sa suite inévitable de pugilistes. Que ce fût intentionnellement ou non, le garçon de service, qui était un nègre, heurta Jacoby. Le pauvre homme évita une sévère correction grâce aux consommateurs qui s'interposèrent.

Toutefois, l'affaire n'en resta pas là. Jacoby se doutait que le nègre l'attendrait dehors, et, pour parer à toute éventualité, il sortit un long couteau de sa poche. Le nègre était, en effet, dissimulé dans l'ombre, près de la porte. Jacoby le découvrit aussitôt, et, se précipitant sur lui le couteau ouvert, il voulut le lui enfoncer dans la poitrine.

Sur le trottoir, il montra ses mains couvertes de sang à ses amis qui se hâtèrent de fuir, dès qu'ils furent au courant de ce qui s'était passé. Un débitant qu'il connaissait bien, consentit à cacher le couteau, mais ne voulut à aucun prix garder Jacoby chez lui, par crainte de la police.

Il passa la nuit dans le voisinage, et, vers le matin, il rentra chez lui. Jamais auparavant, il n'avait été si mal à l'aise. L'idée d'avoir tué un homme et d'être pendu, le remplissait d'effroi. A chaque instant, il croyait entendre monter les agents envoyés pour l'arrêter. Pendant quelques jours, il médita de prendre un peu de linge dans une valise et de quitter la ville, mais la peur d'être rencontré l'en empêcha.

Peu à peu, voyant que rien de nouveau ne s'était produit, il s'aventura au dehors, et ce fut pour découvrir que le sang versé n'était pas celui du nègre, mais le sien propre ! — Le couteau, en touchant ... le mur, s'était refermé sur sa main et l'avait blessé. Dieu lui avait épargné, dans sa grande miséricorde, la honte de verser le sang de son prochain.

Ce ne fut pourtant pas une leçon pour Jacoby. Il n'apprit pas à maîtriser son ressentiment et à surveiller l'usage qu'il faisait de ses armes. A peine l'affaire était-elle terminée, qu'il n'y pensait déjà plus.

Nous allons en donner une autre preuve.

Un dimanche soir, avec trois amis, il prenait une voiture pour se rendre dans la baulieue de la ville. En route, ils entrèrent dans un café, et peu s'en fallut que Jacoby ne fût arrêté avant d'aller plus loin. Le cocher, voyant passer un agent de police, réclama le prix de sa course, à la grande indignation de Jacoby, car l'homme donnait à entendre qu'on avait l'intention de ne pas le payer ; or, la course n'étant pas terminée, il était tout naturel de ne pas en parler à ce moment-là. Néanmoins, pour tout arranger, on donna un dollar au cocher ; le reste devait venir ensuite.

Dans ce café se trouvaient plusieurs connaissances, et, après avoir pris ensemble quelques consommations, ils partirent tous avec leurs voitures respectives pour une auberge plus éloignée.

Avant de se mettre en route, Jacoby aurait bien voulu régler son affaire avec le cocher ; on l'en empêcha, mais à grand'peine.....

Pendant le voyage, il médita sur les moyens de venger l'affront, réel ou imaginaire, que lui avait infligé le cocher. Placé comme il l'était, il pouvait voir le conducteur à travers une petite vitre, placée à l'avant de la voiture. C'était là ce qu'il cherchait. Rapidement, il sortit son revolver et fit feu. Il n'alla pas plus loin, ses compagnons le désarmèrent et tirèrent les balles qui restaient, par la portière.

Le cocher n'avait heureusement aucun mal, mais tout n'était pas fini. Un agent de la Sûreté qui se trouvait dans les environs, accourut au bruit et menaça d'arrêter Jacoby, s'il ne lui donnait 10 dollars. Au premier abord, celui-ci refusa ; mais finalement, persuadé par ses amis, il acheta le silence de l'agent.

C'était un épilogue peu banal, en vérité, mais Satan fait passer bien souvent les hommes par d'étranges aventures : il avait réussi à rendre Jacoby indifférent aux réalités bienheureuses de la vie.

CHAPITRE X

Avec le même Maître

Grâce à son argent, Jacoby voyait s'ouvrir toutes grandes devant lui les portes des bars et des auberges. Aussi longtemps qu'un homme a le gousset garni, il se trouve des gens disposés à le traiter comme un ami.

Les incidents que nous avons relatés au chapitre précédent, ne sont que quelques-uns entre mille, où Jacoby jouait toujours le grand rôle. Si l'on remarque quelles sont en général les mœurs de ceux qui fréquentent de tels lieux, on comprendra que les conflits sanglants devaient y être fréquents. Il arriva très souvent que Jacoby fut arrêté au milieu d'une rixe, et si des amis ne se portaient pas caution pour lui, il était condamné à l'amende par les tribunaux.

Avec son revolver, il était dangereux et lorsqu'on le voyait un peu « parti », on manquait rarement de l'en débarrasser pour éviter les accidents ; en un mot, il était une source d'ennuis pour tout le monde.

Sa réputation d'individu qui ne se soucie pas plus de sa vie que de celle des autres avait fait du chemin, et, en conséquence, les plus terribles garnements de la contrée savaient le fuir à l'occasion ; il faisait la terreur des « apaches » d'Omaha, qui connaissaient sa rapidité d'action. Bien des fois il put sortir indemne de certains endroits où d'autres auraient été assassinés, ce qui d'ailleurs ne manquait pas de se produire. Un homme qu'il avait connu au régiment y fut tué dans une bagarre, et les dernières paroles qu'on lui entendit murmurer dans son délire furent : « Eloigne-les !... Eloigne-les !... »

Une des « fortes têtes » de la ville d'Omaha, un cabaretier, était l'ami intime de Jacoby. Ils allèrent ensemble assister à un match qui devait avoir lieu entre deux lutteurs célèbres, Sullivan et Kilraine, à la Nouvelle-Orléans...

... Dans leur wagon, se trouvait un reporter de Saint-Louis, qui allait aussi à la Nouvelle-Orléans, pour le compte de son journal. Lorsque Jacoby fut couché, il ne trouva rien de mieux, pour faire une farce au nègre qui faisait le service dans le train, que de lui persuader que Jacoby était Kilraine et qu'il ne ferait pas mal, pour se rendre compte de la dureté de sa peau, de lui enfoncer une épingle dans le bras.

Jacoby ayant entendu la conversation, prit

une voix grave et dit : « Vous n'oseriez pas le
faire ! » — « Oh ! je ne veux pas ! M. Kilraine »,
répondit le pauvre noir, tout penaud. L'affaire
prenait une tournure amusante, et Jacoby continua à personnifier le célèbre athlète.

Le train ayant quelques minutes d'arrêt, dans
une grande gare, Jacoby descendit sur le quai, nu
jusqu'à la ceinture, et se mit à courir de long
en large, comme pour se maintenir bien « en
forme » pour la lutte prochaine. Grand, gros,
bien musclé, il n'était pas loin de ressembler à
Kilraine. Le bruit courut aussitôt que « Kilraine
était là ! » Une foule ébahie le contemplait ;
remonté dans le wagon, son ami le frotta avec
un linge rugueux, suivant le mode profes-
sionnel.

Les employés de la gare avaient sans doute
télégraphié la nouvelle, car à la station de
Jackson (Mississipi), deux mille personnes pour
le moins, attendaient sur le quai, le fameux
pugiliste. Massés devant le wagon de Jacoby,
ils le regardaient avec une évidente satisfaction. Deux hommes, cependant, semblaient ne
pas partager l'opinion générale.

« Il ne paraît pas bien entraîné », disait l'un
d'entre eux. « Je t'assure, lui répondit l'autre,
que je ne voudrais pour rien au monde me me-
surer avec lui ! »

Toute une histoire sur le faux Kilraine parut dans l'un des journaux de Saint-Louis, et fut reproduite dans presque tous les quotidiens des Etats-Unis, ce qui ne manqua pas d'amuser bien des gens.

A la Nouvelle-Orléans, la police voulut interdire la lutte, et de graves désordres se produisirent. Jacoby rentra à Omaha presque sans argent. Le voyage lui avait coûté près de 2.500 francs.

Continuant sa vie de désordre, il passait la plus grande partie de son temps à boire ou à se battre. A deux reprises, il servit d'arbitre dans des concours de lutte. Il assista au match entre Fitz Simmons et Dempsey, à la Nouvelle-Orléans, dans une loge réservée, qui lui coûtait la bagatelle de 500 francs !

Il avait voyagé cette fois en compagnie de pugilistes, cafetiers et autres gens de même acabit. Ceux-ci résolurent de le faire passer pour John-L. Sullivan, le champion des poids lourds, se rappelant combien il avait bien tenu le rôle de Kilraine dans de semblables circonstances. Il se rendit dans un grand hôtel, où il demanda ostensiblement une table pour lui seul. Selon son désir, la table fut placée au milieu de la salle du restaurant, et deux nègres attendaient derrière lui son bon plaisir. Lorsqu'il eut achevé son repas, conservant toujours son attitude de grand seigneur, un de ses amis s'approcha de lui et dit, de façon à être entendu par ceux qui étaient présents : « Je paierai pour ton dîner, John ! — All right ! répondit Jacoby, c'est tout ce que je demande ! »

Nous donnerons un aperçu de ce que pouvaient valoir ses compagnons, en disant que deux d'entre eux étaient d'habiles professionnels du vol. Ils entraient dans des bijouteries, achetaient quelques menus objets, puis demandaient à voir des diamants. Tout en les examinant, ils substituaient adroitement quelques fausses pierres à de bonnes ; et, avant que la supercherie fût découverte, ils étaient ordinairement hors d'atteinte. Pour se débarrasser de leur marchandise, ils la cédaient à vil prix.

La société que fréquentait Jacoby à Desmoinez valait bien celle d'Omaha. Habitué des maisons de jeu, il perdait souvent tout ce qu'il avait sur lui. Un certain jour, par extraordinaire, la chance tourna de son côté, et il gagna 2.500 francs ; finalement, il risqua toute la somme et doubla son gain. A ce moment, il s'aperçut que son partenaire le trichait dans le compte, mais le revolver au poing, Jacoby lui défendit de toucher à l'argent. Un moment, les deux hommes se défièrent du regard, puis,

Jacoby se décida à en appeler à l'un des assistants pour trancher le différend. Celui-ci conseilla de « partager la poire en deux » — ce que Jacoby ne fit pas sans hésitation, sachant parfaitement qu'il avait gagné, et pouvait disposer de tout à son gré. Il comprit plus tard qu'on l'avait joué, et regretta de n'avoir pas défendu son bien jusqu'au bout.

A Chicago, il était si fâcheusement connu, que certains cabaretiers ne voulaient plus le recevoir, à cause de son mauvais caractère.

Jacoby paraissait cependant vouloir se modérer un peu. Il s'occupait davantage de son commerce et buvait moins ; pendant des mois, il lui arriva de ne pas s'enivrer ; mais, tout à coup, la vieille passion reprenait le dessus, et de plusieurs jours on ne le revoyait pas à la maison.

. . . .

. . . .

Malgré tout, ses affaires prospéraient. A Guthrie-Centre, il était populaire, et ses marchandises, étant de très bonne qualité, trouvaient toujours un écoulement facile. Sa vente annuelle se montait à plus de 75.000 francs, et les bénéfices nets à plus de 7.000. Avec l'argent qui lui restait de son père et ce que lui rapportait son commerce, il pouvait vivre largement.

En sept ans, depuis la mort de ses parents, jusqu'à sa conversion, il dépensa environ cent mille francs.

Il est intéressant de noter quels étaient les sentiments de Jacoby à cette période de sa vie.

« Le diable m'avait persuadé que je me procurerais facilement de l'argent chez les autres, lorsque je n'en aurais plus moi-même », dit M. Jacoby.

« Il m'arrivait souvent de penser, après avoir bu, que j'aurais trouvé de quoi vivre en devenant voleur de grand chemin. »

... Sa femme était bien la dernière de ses préoccupations. En rentrant chez lui, un matin, elle lui dit : « Oh ! Bill, d'où viens-tu ? » — De m'amuser avec les amis ! » répondit-il. — « Combien j'aimerais que tu ne fasses pas cela ! » dit-elle simplement. Pas de reproche, pas de colère, mais le cri d'un cœur déchiré : « J'aimerais que tu ne fasses pas cela !... » Cette douce parole le toucha, et le rendit tout confus de sa conduite.

Malheureusement, lorsque pareille chose lui arrivait, ce n'était pas pour longtemps, et au premier appel de ses camarades il était de nouveau prêt à les suivre. Ah ! ces jours écoulés, quelle amertume n'ont-ils pas laissée au fond du cœur de M. Jacoby ?

« Je suis dégoûté de tout cela, me dit-il. Je n'ai raconté qu'une petite partie de ma vie, et si je l'ai fait, c'est afin que d'autres puissent voir combien est grand l'amour de Dieu pour les pécheurs, combien ses compassions ont été infinies à mon égard. Il me semblait quelquefois que Dieu, saint comme il l'est, ne pouvait pas supporter la vue d'un homme tel que moi. Il aurait dû, me semblait-il, se détourner de moi avec horreur ; et ce n'est que la certitude que le Sang de Christ purifie de tout péché, qui peut me faire croire au salut.

« Dieu, dans son grand amour, m'a sauvé ; je l'aime et je l'adore. »

CHAPITRE XI

Nouvelle vie

Les faits qui précèdent nous montrent bien ce qu'était Jacoby. Sans crainte de Dieu ni des hommes, il pouvait mettre la main à toutes sortes de besognes louches ; sans peur, mais non pas sans reproche, il était un ami peu sûr et un dangereux compagnon. Pour d'autres, il pouvait y avoir quelque chance d'amélioration, de relèvement, mais pour Jacoby une nouvelle vie semblait devoir être impossible. Son cas était désespéré : telle était l'opinion générale.

Mais, tant que le lumignon fume encore, n'y a-t-il donc plus d'espoir ? La petite ville de Guthrie-Centre allait être témoin d'une transformation merveilleuse, incroyable, dans la vie de cet homme.

En 1890, un réveil éclatait à Guthrie-Centre, à la suite de réunions tenues dans l'Eglise méthodiste, réunions qui firent une impression profonde. Bien des amis de Jacoby s'y rendaient, mais lui avait toujours refusé. Pourtant, il apprit qu'un certain individu, pour lequel il ne possédait qu'une affection relative, faisait courir le bruit qu'il avait peur d'assister aux réunions. C'en fut assez pour le décider. Très crâne, il vint un soir avec un ami pour le moins aussi mauvais que lui. A la fin de la réunion, on invita les personnes désireuses de trouver le salut à lever la main. Un avocat bien connu dans la contrée s'approcha de Jacoby et de son compagnon et leur demanda s'ils n'aimeraient pas s'avancer. Les deux amis se poussèrent du coude ; après tout, c'était plus amusant qu'on ne l'aurait pensé ; quelle belle farce ! et puis, quelle superbe histoire à raconter entre deux verres ! La soirée n'était pas perdue !

« Je lève la main, si tu veux faire comme moi, murmura Jacoby ».

« Parfait ! dit l'autre, je te suivrai ».

Ils sortirent cependant, sans avoir exécuté leur plaisanterie, mais pas le moins du monde convaincus de péché.

Jacoby avait donc prouvé qu'il n'avait pas peur, et, de plus, qu'il avait su résister aux appels du prédicateur ; sans doute il ne serait plus question de tout cela, et de nouveau il allait pouvoir goûter les plaisirs de la vie.

Il ne se rendait pas compte de l'influence

profonde qu'avait exercée sur lui la prédication de l'Evangile. Le lendemain, il était mal à l'aise, la pensée de ce qu'il avait entendu le hantait. Le soir, Jacoby était parmi l'auditoire ; sa gêne s'accrut pendant le service, et quand vint le « test » il leva la main. Cette fois, il était sincère.

Pour la troisième fois dans sa vie, Jacoby entendait l'appel de Dieu, et il demanda les prières de l'assemblée. L'effet produit fut indescriptible ; chacun connaissait l'homme et ses idées, aussi pensait-on qu'il voulait s'amuser jusque dans la maison même consacrée à Dieu.

On savait parfaitement que rien ne lui était sacré, et personne ne cachait son étonnement de le voir demander qu'on priât pour lui.

Après un instant d'entretien, avec un membre de l'Activité Chrétienne, ce dernier, qui devait être bien novice en la matière, lui posa cette question : « Ne sentez-vous pas quelque changement intérieur ? » Jacoby attendait toujours un sentiment particulier qui s'obstinait à ne pas venir. Six jours de suite, dans son ardent désir de trouver Dieu et la paix de l'âme, il vint s'agenouiller devant tous, pour prier. L'absence de sensations intérieures le troublait.

Enfin, le soir de la dernière réunion, le président lui dit : « Vous feriez mieux de devenir membre de l'Eglise ». Alors Jacoby, se levant, prononça ces paroles : « J'ai servi le démon pendant quarante-cinq ans ; je servirai Dieu le reste de ma vie, même s'il ne me donne pas le sentiment particulier que je recherche ». Cette déclaration ressemblait bien à Jacoby. Il avait été fidèle au service de Satan, il serait désormais fidèle au service du « MAITRE », quand bien même la joie dont parlaient les chrétiens resterait pour lui une chose inconnue.

Jacoby était né de nouveau, il avait changé de Maître.

Devenu membre de l'Eglise, les chrétiens de la ville se montrèrent affectueux et l'encouragèrent, bien que plusieurs eussent pour lui de la défiance. On se figurait que ce changement n'était que passager, et que bientôt il redeviendrait pire qu'auparavant. Malgré tout, on l'aida, et il s'en montra reconnaissant.

Son amour pour les choses religieuses croissait de jour en jour ; il aimait entendre parler de Dieu, de Jésus, du salut ; il préférait même parler du Sauveur avec un de ses nouveaux amis, que de s'occuper de ses clients.

Il avait faim et soif du Pain de Vie, et saisissait toutes les occasions de se rassasier de la manne céleste, après en avoir été si longtemps privé.

CHAPITRE XII

Progrès

Jacoby n'était pas allé bien loin dans la vie chrétienne sans s'apercevoir qu'il lui manquait quelque chose. La conversion ne suffisait pas ; il fallait y ajouter la sanctification. Dès qu'il s'en fut rendu compte, il se décida à agir en conséquence.

Lorsqu'il était enfant, il avait volé de l'argent à sa sœur ; il s'empressa de le restituer.

Avec son beau-père, il avait aussi quelque chose à régler ; sans être soupçonné de malversation par celui-ci, Jacoby avait puisé librement dans la caisse de son associé. Sa première pensée fut de rendre ce qu'il avait pris, dans une lettre ; mais il sentit que Dieu voulait qu'il confessât sa faute de vive voix.

Peu de temps avant sa conversion, M. Young, son beau-père, lui avait emprunté 1.500 francs ;

et précisément ce jour-là, celui-ci frappait à la porte de son gendre.

« Je dois vous faire un billet pour cette somme, lui dit-il.

— Vous ne me devez rien, répondit Jacoby.

— Comment donc ? Voulez-vous m'en faire cadeau ?

— Non, l'argent vous appartient.

— Voyons, expliquez-vous ! »

L'explication ne se fit pas longtemps attendre ; le pardon lui fut joyeusement accordé, et une joie toute nouvelle remplit son cœur dès ce moment. Jacoby, sachant que c'était le seul moyen de demeurer en communion avec Dieu, persévéra dans cette voie.

Il continua à fréquenter régulièrement les réunions, et même on lui confia un groupe de jeunes filles. Le malheur est que celles-ci ne voulurent pas assister à ses leçons ; mais cette expérience fut le moyen de le rapprocher de Dieu ; il lui confia sa peine, cherchant à sonder le motif de cette conduite pour en trouver le remède.

Jacoby possédait la paisible assurance du salut, mais pas encore cette joie exubérante de certains chrétiens. Il supposait qu'elle ne pouvait pas être pour un homme tel que lui, mais seulement pour ceux dont la vie avait toujours été pure et sans tache.

Un soir, dans une réunion d'étude biblique, quelqu'un fit remarquer que « Jacoby n'avait jamais dit qu'il était sauvé. »

« Vraiment ! » pensa-t-il. Et des pensées, en foule, se présentèrent à son esprit :

« Crois-tu en Dieu ?

— Oui.

— Crois-tu en Christ ?

— Oui.

— Sais-tu que tu es un pécheur ?

— Oui.

— Jésus est-il mort pour sauver les pécheurs ?

— Oui.

— Est-il mort pour te sauver ?

— Oui.

— Es-tu donc sauvé maintenant ?

Il eut une seconde d'hésitation, puis il répondit :

— Oui. »

Le sentiment de son salut, de son complet pardon, le pénétra, le remplissant de paix.

Jacoby avait encore d'autres combats à livrer. Un commerçant vint un jour le trouver pour un règlement de facture.

« Ne me demandez-vous pas trop pour cette marchandise ? dit Jacoby.

— Non, c'est le prix, répondit l'autre sèchement.

Puis il ajouta : « Que vous dois-je à mon tour ? »

Jacoby le lui fit connaître.

— Mais ne vous ai-je pas déjà payé ? dit-il.

Cette accusation était plus que Jacoby ne pouvait supporter, et c'est en colère qu'il répondit :

— Non, vous le savez très bien ».

Jacoby regretta plus tard ce qu'il avait fait ; son emportement n'avait pas glorifié Dieu. Un ami chrétien auquel il raconta l'affaire lui dit :

« Ne connaissez-vous pas votre devoir ?

— Assurément !

— Bien, alors faites-le.

— Mais, c'est lui qui a commencé, protesta Jacoby.

— Je sais, faites votre devoir quand même.

— Oui, je dois aller lui demander pardon ».
Ce n'était point chose facile, mais il fallait agir quand même.

Sur le champ il se rendit au bureau de cet homme et implora son pardon.

« Je suis un chrétien, je n'avais pas le droit de m'emporter comme je l'ai fait, et je le regrette vivement, dit Jacoby.

— Oui, répondit son interlocuteur, je savais

que vous aviez un mauvais caractère, mais cela ne fait rien ». Malgré cette réception peu encourageante, Jacoby avait le sentiment d'avoir accompli tout son devoir.

Plus tard, il fut encore mis à l'épreuve par un de ces mille riens qui se présentent journellement à nous.

Ayant commandé pour 50 ou 75 francs de marchandises, il reçut de ses fournisseurs, au lieu de ce qu'il attendait, une lettre à peu près ainsi conçue : « Il nous est impossible de vous envoyer ce que nous vous avez demandé sans avoir au préalable reçu le montant de la commande ; vous comprendrez que nous ne pouvons nous fier à la parole d'un joueur ».

Cette lettre fut très pénible à Jacoby, dont toutes les affaires commerciales étaient parfaitement en règle.

Il alla demander conseil à deux de ses amis. « Peu importe ! dit l'un, n'y fais donc pas attention », et l'autre : « Moi, à ta place, je leur dirais leur fait ». De retour à la maison, il se mit à écrire avec l'intention de faire ressortir son mécontentement. Au bout de deux ou trois lignes, il déchira son papier ; une autre lettre un peu moins vive eut le même sort ; enfin une troisième demeura. La voici :

« Messieurs,

« Ce que vous dites était vrai, mais ne l'est plus ; j'étais bien en effet l'homme que vous décriviez, qui ne méritait aucun crédit, mais depuis deux ou trois mois, j'ai été baptisé en présence de plusieurs de mes anciens camarades. J'espère regagner la réputation que j'ai perdue. Je ne vous blâme pas pour ce que vous avez écrit ».

Il demandait, une fois, un éclaircissement à un ami sur une certaine question.

« C'est peut-être votre tabac qu'il vous faut abandonner », lui fut-il répondu. Jacoby donna une preuve de plus de la sincérité de sa conversion en disant : « Que ce soit mon tabac ou autre chose, je l'abandonne pour qu'il n'y ait pas d'obstacle entre Dieu et moi ». A ces mots, il jeta sa cigarette au loin, et depuis lors il n'a plus touché de tabac.

Une telle droiture lui valut bien des bénédictions, qui souvent se produisaient d'une manière inattendue.

Une dame vint s'agenouiller derrière lui pendant qu'il priait, un soir, dans une réunion, et lui posa cette question : « Est-ce que tout est bien ? » La demande le surprit au premier abord. « Vous mettez-vous quelquefois en colère ? continua cette personne. Etes-vous impatient ? Voulez-vous être débarrassé de tout cela ? » Et, sur sa réponse affirmative, elle ajouta : « S'il en est ainsi, demandez à Dieu de le faire maintenant ». Et Jacoby pria le Seigneur d'ôter tout ce qui était mal en lui, ses mauvaises pensées, son penchant à la colère, en un mot tout ce qui pouvait lui déplaire. Une douce paix remplit son âme, après cette requête. Le lendemain, dans une réunion de prières, il résolut de jeûner ; c'était la première fois qu'il s'imposait pareille chose, mais non pas la première occasion où il se passerait de pain ou de toute autre nourriture, comme cela lui était arrivé auparavant.

Il demanda à Dieu de le bénir, et sa prière fut entendue. « Mes amis, dit-il, je sais que Dieu m'exauce ». Alors, tous s'agenouillèrent et furent abondamment bénis.

Jacoby faisait de remarquables expériences dans la vie spirituelle. Tout ce qu'il pouvait dire c'était :

« Gloire, gloire à Dieu ! »

Il consacrait beaucoup de temps à l'étude de la Parole de Dieu, apprenant à la mieux connaître et apprécier. Les rayons de l'amour divin brillaient sur sa route : il sentait auprès de lui la présence de Dieu, et son cœur débordait d'une joie ineffable. Au milieu de la nuit, il lui arrivait de répéter un verset de l'Ecriture ou les strophes d'un cantique préféré. C'était la joie, toujours la joie.

Le bonheur qu'il avait si ardemment désiré devenait enfin la réalité bénie.

CHAPITRE XIII

A l'œuvre pour Dieu

Il est toujours très difficile, pour celui qui renonce à son péché et commence une nouvelle vie, de confesser Christ devant le monde ; il fallut à Jacoby beaucoup de courage pour le faire.

Un de ses anciens camarades vint un jour frapper à sa porte. C'était un cabaretier, précisément celui qui se trouvait avec lui dans la voiture, lorsqu'il tira sur le cocher. Il était allé vivre à Deuver, dans le Colorado, et maintenant, poursuivi par la justice, il venait chercher refuge et secours auprès de son vieil ami. Tous les deux veillèrent ensemble jusqu'à minuit, sans avoir parlé de religion, Jacoby étant, en général, effrayé d'aborder le sujet lui-même. Lorsqu'ils se furent séparés pour la nuit, Jacoby dit à sa femme : « Il faudra bien que je lui parle de ma conversion, demain matin, car je dois rendre grâces au déjeuner ; et puis, je ferai mieux de lui dire franchement ce qu'il en est ». A trois reprises, le lendemain, de bonne heure, il entra dans la chambre de son ami, pour lui parler, et deux fois il recula ; enfin : « Je suis un chrétien, maintenant », lui dit-il.

L'homme ne comprit pas sur le moment toute la portée de cette déclaration, comme le montra sa réponse. « Et que pourrais-tu donc être, sinon chrétien, dans une ville comme celle-ci ? » (Guthrie-Centre était soumise au régime de la tempérance).

Cependant, quelque chose de particulier le frappa dans l'attitude de Jacoby, et il ajouta : « Ce n'est pas à dire que tu ne boirais pas un verre ou ne fumerais pas un cigare comme à la Nouvelle-Orléans ? » — « Mais oui, c'est bien cela, répondit Jacoby, avec assurance, je ne ferais plus rien de semblable, maintenant que j'ai accepté Christ comme mon Sauveur. »

Au déjeûner, après la prière, on parla encore de Jésus, sans obtenir de résultat apparent ; le cabaretier semblait impatient de prendre congé, et, avec l'argent que lui donna Jacoby pour se rendre à Chicago, il le quitta aussi indifférent qu'à son arrivée.

Cet homme exerce encore aujourd'hui la même profession à Chicago ; plusieurs fois il a assisté, avec un athlète de Saint-Louis, au culte à Moody-Church, où M. Jacoby est suffragant. Malgré bien des conversations particulières, la semence paraît être tombée le long du chemin.

Quelque temps après, un évangéliste visitant Guthrie-Centre, où il tint des réunions, cherchait un chanteur pour l'accompagner dans ses tournées. Il s'adressa dans ce but à Jacoby, qui possédait une bonne et forte voix, sans toutefois avoir des connaissances spéciales en musique, et celui-ci accepta avec joie, voyant la main de Dieu en cette affaire.

Ils partirent pour Concordia (Kansas), puis de là, se rendirent dans d'autres villes de l'Etat d'Iowa. Pendant ces réunions, Jacoby eut le sentiment bien net que Dieu l'appelait à se consacrer entièrement à son service. Deux ou trois offres qu'il reçut pour acheter son commerce vinrent encore fortifier en lui cette pensée ; de retour à Guthrie, il les examina et se prépara à quitter la ville, après avoir tout vendu. Au cours de sa petite tournée d'évangélisation, Jacoby avait entendu parler de l'Institut Biblique fondé par Moody à Chicago ; il résolut de s'y rendre pour se préparer au saint ministère.

C'est là qu'il fit la connaissance du Dr Torrey, et eut pour condisciple M. Charles Alexander, le chanteur populaire, collègue du Dr Torrey.

Bientôt, il se sentit complètement en famille parmi les étudiants qui lui témoignèrent beaucoup de sympathie, et il ne tarda pas à devenir un favori de tous.

A Chicago, les divers cours, étude de la Bible, musique, réunions à présider, et surtout la cure d'âmes qui occupe une si large place, remplissaient bien son temps. Les étudiants, hommes et femmes, apprennent à l'Institut à connaître leur Bible et à présenter aux pécheurs Christ comme le Sauveur du monde.

M. Jacoby, en étudiant la Parole de Dieu, découvrit bien des choses nouvelles pour lui, et qui lui furent d'un grand secours dans la vie, de même que l'atmosphère religieuse de l'Institut. Dans un tel milieu, il ne pouvait faire autrement que d'augmenter ses connaissances, et sentir toujours plus la main de Dieu qui dirigeait ses pas.

Au bout de quinze mois d'études, en septembre 1895, la veille même de son départ, il se trouvait à l'Union Chrétienne de Jeunes Gens, où le Dr Torrey expliquait aux moniteurs la leçon de l'Ecole du Dimanche.

« Je voudrais parler un instant à M. Jacoby, à la fin de la réunion », annonça M. Torrey du haut de l'estrade. En conséquence, M. Jacoby attendit pour voir ce que son directeur désirait de lui.

Le Dr Torrey lui proposa de devenir son suffragant pour quelque temps.

« Oh ! dit-il, je ne puis pas...

— Comment ? Rien ne vous en empêche, répliqua le Dr Torrey.

— Non, M. Torrey, je ne suis pas fait pour cela.

— Allons donc, souvenez-vous de Caleb ! Quoi qu'il en soit, vous allez essayer ».

Encouragé par ces remarques bienveillantes, M. Jacoby accepta la proposition, et depuis lors, il est resté le suffragant du Dr Torrey à Moody-Church. Les réunions d'études bibliques, l'enseignement dans une Société d'Activité Chrétienne, les visites occupent la majeure partie de son temps. Partout, il est le bienvenu. A le voir aller de maison en maison, sa Bible couverte d'annotations à la main, qui se douterait que sa vie passée ait été si peu exempte de péché ? Le vœu fait à sa conversion se réalise chaque jour ; M. Jacoby n'a d'autre ambition que de servir Dieu, et d'amener des âmes immortelles aux pieds de son Maître. Au chevet du malade, auprès de l'ivrogne aussi bien que de l'âme inquiète qui cherche le salut, il sait faire resplendir les lumières de l'Evangile, avec amour.

Jamais il ne manque une occasion de parler de Jésus. Son amabilité, sa sincérité, l'humilité dont il fait preuve et sa passion pour les âmes lui ont conquis toutes les sympathies.

En août 1904, il fit son premier voyage en Angleterre. Sur le bateau, personne n'était plus populaire. Il s'amusait sur le pont comme un enfant de dix ans.

« Jamais je n'avais autant joué depuis ma conversion », me dit-il un jour. Il faisait bon le voir apporter tout son cœur à ces jeux innocents, et mieux encore aimait-on l'entendre raconter, avec sa simplicité habituelle, ce que Dieu avait fait pour lui.

Parvenu au terme du voyage, lorsque le paquebot fut amarré au quai de Liverpool, tous les passagers vinrent en foule lui dire au revoir. Après une semaine passée en sa compagnie, on le considérait déjà comme un vieil ami, et c'est avec peine qu'on se séparait de lui.

A Bolton, où il séjourna pendant la mission Torrey-Alexander, en septembre 1904, il sut gagner l'affection de tous. Un pasteur anglais l'hébergea, et il prit une grande place dans la famille de son hôte. Un jour, la maîtresse de la maison étant fatiguée, il lui apporta le réconfort spirituel que l'on trouve dans la Parole de Dieu. Le pasteur déclara qu'il n'oublierait jamais la leçon que M. Jacoby lui avait apprise par cette visite pastorale.

Le Dr Torrey étant, une fois, trop faible pour parler, M. Jacoby dut prendre sa place et présider le service dans l'immense *Drill-Hall* de Bolton. A la fin de la réunion, plus de quatre-vingts personnes firent profession d'accepter le salut.

Le dernier dimanche de sa mission, on fut obligé de louer le Grand-Théâtre, assez spacieux pour contenir deux mille cinq cents personnes. M. Jacoby présidait. Aux deux réunions de l'après-midi et du soir, le théâtre était même trop petit pour recevoir tous ceux qui voulaient entrer. Les allocutions du prédicateur furent très impressives, et quarante-cinq personnes environ acceptèrent Christ publiquement. Un petit garçon de six ans et sa mère étaient du nombre. En réponse à l'invitation de M. Jacoby, l'enfant se leva, tenant sa mère par la main.

« Pourquoi ne te lèves-tu pas, ma mère ? » lui dit-il, voyant qu'elle demeurait assise. N'obtenant pas de réponse, il répéta la question : « Pourquoi, maman, n'acceptes-tu pas Jésus comme ton Sauveur ? » La mère, touchée par les appels de son fils, se joignit à lui sous la bannière de la Croix.

La fin de la « mission » était arrivée, les revivalistes allaient quitter la ville. M. Jacoby passait dans une des rues principales, où l'on démolissait des maisons pour établir l'alignement, lorsqu'un des ouvriers, le voyant, courut après lui, et, lui serrant la main :

« Vous partez ? demanda-t-il.

— Oui, répondit M. Jacoby.

— Au revoir. Je suis heureux d'avoir serré la main de M. Jacoby, dit l'ouvrier. Que Dieu vous bénisse ».

Avec cette bénédiction d'un travailleur, M. Jacoby continua sa route. Ce n'était là que l'expression de la prière de milliers de cœurs montant vers l'Eternel pour cet homme de Dieu qui retournait à Chicago, vers son foyer, et vers son œuvre.

CHAPITRE XIV

Le défi de Julian Renfro

M. Jacoby s'est occupé, durant sa carrière pastorale, de plusieurs cas remarquables de conversion. Le plus extraordinaire est peut-être celui qui survint en mai dernier à Chicago, et qui eut un grand retentissement aux Etats-Unis et en Angleterre.

Le 1er juin, au matin, deux dames frappaient à sa porte et le priaient de vouloir bien visiter un jeune homme qui, la veille, était devenu subitement sourd-muet. Voici les faits, tels qu'ils lui furent rapportés :

Avec deux ou trois de ses camarades à peu près de son âge, entre vingt et vingt-quatre ans, ce jeune homme venait de terminer une partie de whist, lorsque la conversation s'engagea sur la religion. N'étant nullement religieux, leurs remarques n'étaient pas des plus respectueuses. Après un moment de discussion,

l'un deux, nommé Julian Renfro, déclara ceci :
« Je ne crois pas en Dieu ; je pense à peu près
comme Ingersoll, qu'il n'y a point de Dieu, et
je ne croirai en lui que s'il me prouve son existence en me rendant sourd-muet ».

A peine Renfro avait-il lancé cet audacieux
défi, que, levant les bras en l'air, il chancela et
tomba à terre. On s'empressa de le relever,
mais on s'aperçut bientôt qu'il était sourd-muet.
Le médecin, mandé en toute hâte crut tout
d'abord à une mystification, mais il changea
plus tard d'avis, et voici ses propres paroles :
« Je n'aurais rien trouvé d'étonnant à ce que
le jeune homme fût devenu sourd, sous l'influence d'une crise hystérique, mais dans ce
cas, j'aurais trouvé chez lui certaines conditions
physiques qui étaient totalement absentes. Il
semblait avoir conservé toutes ses autres facul-
tés, ses idées ne manquaient pas de cohésion,
et son état général était bon. Il a travaillé,
m'a-t-on dit, très fort sa médecine. Dans une
période de surmenage excessif, une émotion violente pourrait avoir produit mutisme et surdité ».

M. Jacoby fut mis au courant de l'état de
Julian Renfro et des circonstances qui avaient
entouré l'accident, avant d'aller lui-même se
rendre compte du fait. Arrivant à son domicile,
M. Jacoby le trouva assis près d'une table,

« l'air doux et tranquille, correctement vêtu, tout son extérieur dénotant un jeune homme peu commun ».

Il échangea avec lui une poignée de main, puis l'une des personnes présentes fit connaître à Renfro, en écrivant sur une feuille de papier, que le visiteur était un pasteur. M. Jacoby s'assit alors à côté de lui, et, après un court instant de recueillement, il écrivit : « Dieu vous aime ». « Je le sais », écrivit à son tour Renfro. La conversation continua de la même manière, Renfro expliquant qu'il avait absolument douté de l'existence de Dieu, mais que maintenant il était persuadé du contraire, et même que Dieu l'appelait à son service.

« Pourquoi croyez-vous en Dieu ? demanda M. Jacoby.

— Parce que, fut la réponse, j'ai déclaré ne vouloir croire en Lui que s'Il me rendait sourd-muet ; alors, une éblouissante clarté, venant de Dieu Lui-même, un regard de Ses yeux, semblable à un éclair, m'a frappé et m'a mis dans l'état où je suis maintenant.

Il avoua ensuite combien il regrettait ce qu'il avait fait.

— Je sais, écrivit-il, que Dieu existe, et qu'Il entend nos prières.

M. Jacoby continua :

— Dieu vous aime.

— Je le crois, dit Renfro, car depuis plusieurs années j'ai entendu son appel et refusé de m'y rendre ».

Après avoir fait passer sous les yeux du jeune homme quelques-unes de ses expériences antérieures, Jacoby ouvrit le Livre de Dieu et indiqua à Renfro : Jean VI, 37 : « Je ne mettrai point dehors celui qui viendra à moi ».

Renfro inclina la tête en signe d'assentiment.

M. Jacoby passa au chapitre I d'Esaïe, verset 18 : « Venez et plaidez, dit l'Eternel ; si vos péchés sont comme le cramoisi, ils deviendront blancs comme neige ; s'ils sont rouges comme la pourpre, ils deviendront comme la laine ». Avec son crayon, Renfro souligna le passage dans sa Bible.

Il lui montra ensuite Jean V, 24 : « En vérité, en vérité, je vous le dis, celui qui écoute ma Parole, et qui croit à Celui qui m'a envoyé, a la vie éternelle et ne vient point en jugement, mais est passé de la mort à la vie »; puis il lui indiqua du doigt le mot « *a* », et il écrivit :

« Tout est accompli, l'œuvre est faite et n'est plus à faire. « *A* » est au présent. ce qui signifie que vous avez la vie éternelle ».

De nouveau, Renfro fit un signe affirmatif et écrivit :

« Je crois maintenant que Dieu existe ; Jésus-Christ, je le sais, est mort pour tous les pécheurs. Ma conviction est que je suis accepté parce que je me confie en Lui par la foi ; mais il y a pour moi du travail en réserve... »

De nombreux textes de l'Ecriture lui furent encore présentés ; il les lut avec une grande attention. Puis, en réponse à une question, il déclara qu'il avait le salut par la foi en Christ, et il écrivit encore : « Je sais que je suis justifié, mais il me faut faire quelque chose pour Lui, avant de recouvrer mes sens ; tout au moins dois-je accomplir Sa volonté, et me préparer à prêcher Son Evangile et à conduire des âmes à la foi ».

Il confessa ensuite Jésus-Christ devant quelques amis.

« Aimeriez-vous reconnaître Christ comme votre Sauveur devant vos amis ? demanda Jacoby (il y avait deux dames et un de ses camarades dans une pièce voisine).

— Oui ! dit-il, et, se levant aussitôt, il se tint debout dans l'embrasure de la porte.

— Vous croyez que Dieu existe ? demanda M. Jacoby.

Renfro acquiesça de la tête.

— Croyez-vous que Jésus est le Fils de Dieu ?

— Oui.

— Croyez-vous qu'Il vous a sauvé ?

— Oui.

— Ainsi, vous confessez publiquement Jésus-Christ comme votre Sauveur ?

— Oui, écrivit-il. Je suis parfaitement heureux ».

Quelques jours après, il se rendait chez ses parents, à Shreverport (Louisiane). Bien que sourd-muet, il se mit incontinent à l'étude de la Parole de Dieu, déclarant par écrit que sa vie serait consacrée au service du Maître, s'il recouvrait l'usage de ses sens, Ecrivant, quelques semaines plus tard, à M. Jacoby, il lui annonçait que, tel jour et à telle heure, il serait guéri. Chose étonnante et pourtant vraie, au jour et à l'heure fixés par lui, la parole et l'ouïe lui furent rendues !

« L'Eternel soit loué ! » furent ses premières paroles, et ses amis, groupés autour de lui, s'écrièrent : « C'est un miracle ! »

Julian Renfro se prépare actuellement au saint ministère. Nous le répétons, ce cas extra-ordinaire fit beaucoup de bruit, et plus on l'étudiait, plus on était obligé de reconnaître sa parfaite authenticité. Chacun y voyait une preuve éclatante de la puissance de Dieu. C'était tout particulièrement l'opinion du pasteur J.-M. Gray, docteur en théologie, qui, dans un sermon prêché à Avenue-Church, Chicago, s'exprimait en ces termes : « Un sentiment profond de respect devrait nous pénétrer tous, à Chicago, car les temps sont solennels. Au milieu de cette foule qui se presse dans notre grande cité du vingtième siècle, un miracle vient de s'accomplir. Que les pécheurs se taisent, que les moqueurs fassent silence, en présence d'un Dieu qui a le pouvoir d'exercer sur un homme un jugement si soudain. Chicago avait besoin de cette manifestation d'En-Haut pour mieux lui faire connaître la majesté du Dieu fort ».

Pour accomplir sa tâche journalière, M. Jacoby doit nécessairement avoir une connaissance approfondie de la Parole Divine. Il suffit de jeter un coup d'œil sur les pages de sa Bible pour se rendre compte que, s'il n'a jamais rien appris d'autre, il étudie au moins le Livre de Dieu avec soin et avec amour.

Un texte qu'il aime à se rappeler dans les moments difficiles et de souffrance est celui-ci : « Car je suis l'Eternel ton Dieu, qui fortifie ta droite, qui te dis : Ne crains rien, je viens à ton secours » (Esaïe XLI, 13). Le verset qui lui a le plus servi pour amener des âmes au Sauveur est Romains X, 13. « Car quiconque invoquera le nom du Seigneur sera sauvé ».

M. Jacoby ne saurait oublier de quel abîme de péché Dieu l'a retiré, et c'est avec une réelle passion qu'il présente au pécheur le merveilleux pardon qui a fait de lui une nouvelle créature. Toute son ambition sur la terre est de travailler au salut des âmes, pour la gloire de son Maître.

CHAPITRE XV

Un contraste entre deux Maîtres

Après m'avoir raconté les divers épisodes qu'on vient de lire, M. Jacoby, sur ma demande, voulut bien me parler de la différence qui existait entre sa vie présente et sa vie passée.

« Je suis persuadé, me dit-il, que ce qui a le plus contribué à m'amener au christianisme, c'est le caractère doux et patient de ma femme. Pendant toute ma vie de péché, elle s'est montrée aimante et prête à pardonner. Bien d'autres, à sa place, m'auraient repoussé et abandonné ; sa constance dans l'épreuve m'a probablement empêché d'aller plus loin encore. Sans elle, je

serais peut-être devenu cabaretier, ou quelque
chose de semblable ; là, tout le mal qui était en
moi aurait pu se donner libre carrière. Si je
cherche à établir un contraste entre mes deux
vies, je puis dire que je trouvais dans les plaisirs mondains une certaine satisfaction. J'aimais
le théâtre et la danse ; j'ai bu à de nombreuses
coupes de plaisir, dont ma nature semblait avoir
besoin ; jamais je n'ai été satisfait. Quelquefois,
j'avais honte de me trouver attablé dans les
cafés, parce que ma main tremblait en portant
le whisky à mes lèvres.

« Comparée à ce que les hommes appellent
distraction et jouissance, la joie du chrétien est
supérieure à tout ce que l'on peut imaginer. Un
seul instant passé en communion avec Dieu,
dans l'intimité du Sauveur et de l'Esprit, vaut
mieux que mille ans au service de Satan. La
paix de Dieu remplit mon cœur, au lieu de
l'amertume d'une vie dégradée. Maintenant,
mon désir est de plaire à mon Sauveur et de
travailler pour Lui. Mon cœur de pierre est
devenu un cœur de chair, rempli d'amour pour
son prochain.

« L'ivrogne ! Combien je brûle du désir de
le voir un enfant de Dieu, et rendu à son état
naturel.

« Le joueur ! Combien j'aimerais qu'il apprenne à connaître le Sauveur, et qu'il réalise le bonheur d'être à Christ, bonheur qui surpasse tous les plaisirs de la danse, du jeu et de l'alcool. Le démon aveugle ses disciples et les empêche de contempler les richesses qui sont en Jésus. Le théâtre que j'aimais tant serait aujourd'hui un enfer pour moi.

« Que tous ceux qui liront mon histoire sachent qu'ils ne trouveront de vraie joie et de repos qu'en Jésus, le Sauveur. »

« Nous lisons dans I Timothée I, 15 : « C'est une parole certaine et entièrement digne d'être reçue, que Jésus-Christ est venu pour sauver les pécheurs, dont je suis le premier. »

« Malgré ce que nous dit l'apôtre Paul, je ne puis pas comprendre, après avoir lu l'histoire de sa vie, qu'il soit le « premier des pécheurs ». Cette parole devrait plutôt s'appliquer à moi-même. Je sais qu'il se trouve des individus qui n'ont pas eu l'avantage de la vie de famille ; ils se sont élevés dans le vol et le crime dès leur enfance et il n'est pas étonnant que la compagnie dans laquelle ils ont vécu les ait terriblement corrompus. Mon entourage était tout autre. Mon père était un homme très actif, très occupé, ce qui ne l'empêchait pas de désirer, aussi bien

que ma mère, que ses enfants arrivent à la connaissance de la vérité. Jamais, autant que je
puis me le rappeler, on ne m'a demandé, à
l'Ecole du Dimanche, si j'étais converti, et mon
moniteur n'a pas, que je sache, amené à Jésus
un seul de ses élèves. Au fait, je ne me souviens
de rien, si ce n'est qu'on me demanda une fois
de réciter une poésie à la fête de l'Ecole.

« Bien que j'aie été élevé dans un milieu différent de celui dont j'ai parlé plus haut, je suis
descendu aux mêmes profondeurs de vice que
les fils de criminels et de cambrioleurs ; et je
croyais que mon péché était plus grand que le
leur ; et certes, si je n'ai jamais, à ma connaissance, tué personne, je n'en ai pas été bien
loin.

« C'est pourquoi voici quelle est ma pensée :
Paul était un homme moral, et le plus grand
péché qu'il soit possible de commettre est de
repousser le salut. Néanmoins, il me semble
extraordinaire que moi, dont l'immoralité était
notoire, ait été pardonné et enrôlé au service
de Dieu. Cela surpasse toute intelligence ; la
lumière qui descend du Calvaire peut seule me
faire réaliser que ce n'est pas à cause de mes
œuvres passées ou à venir que je suis sauvé,
mais pour l'amour de Jésus-Christ. Dieu, qui a
sauvé Paul, m'a sauvé aussi, et, bien que je ne

puisse, maintenant encore, comprendre parfaitement ce miracle, grâce à Dieu, je suis assuré de mon salut.

« J'ai le privilège de visiter les malades ; je suis témoin de leurs souffrances, ma prière monte vers l'Eternel en leur faveur, et si cela était possible, je partagerais volontiers leurs douleurs ; je puis au moins les conduire à Celui qui peut leur donner le courage nécessaire pour supporter leurs afflictions, à Dieu, qui est notre force et notre haute retraite, toujours prêt à nous secourir au temps de l'épreuve.

« J'ai pénétré dans les maisons des pauvres, où la nourriture qu'ils peuvent s'accorder est à peine suffisante pour les maintenir en vie ; j'ai trouvé cependant chez eux quelques rayons du soleil divin qui m'ont réchauffé et fortifié.

« Quelle patience, aussi n'ai-je pas trouvée dans la maison des pauvres gens, le mari couché dans son lit, incapable d'aller au travail, et la femme obligée de subvenir comme elle le peut aux besoins du ménage ! Cette patience, ce support, alimentés par la Foi en Dieu, m'ont fait sentir à quel point j'étais indigne de la miséricorde de l'Eternel, et combien ma foi était petite comparée à la leur.

« De pareilles scènes m'ont rapproché de Dieu, me donnant de plus en plus le désir d'être fidèle dans l'œuvre qu'il m'a confiée.

« La vie chrétienne est au-dessus de toute comparaison. Travailler pour Dieu est le plus grand privilège de l'homme. »

VALENCE, IMPRIMERIE DUCROS, BRISE ET LOMBARD

TABLE DES MATIÈRES